역사학자 3인이 쓴 정통 한국사

한국사 읽는 어린이 ❷

한국사 읽는 어린이 ❷ 고려
- 역사학자 3인이 쓴 정통 한국사

ⓒ 강석화, 김정인, 임기환, 2021

초판 1쇄 발행 2021년 6월 21일 | **초판 4쇄 발행** 2025년 3월 25일 | **ISBN** 979-11-5836-234-8, 979-11-5836-232-4(세트)

펴낸이 임선희 | **펴낸곳** ㈜책읽는곰 | **출판등록** 제2017-000301호 | **주소** 서울시 마포구 성지길 48 | **전화** 02-332-2672~3
팩스 02-338-2672 | **홈페이지** www.bearbooks.co.kr | **전자우편** bear@bearbooks.co.kr | **SNS** Instagram@bearbooks_publishers
편집 오세경, 우지영, 우진영, 이다정, 최아라, 박혜진, 김다예, 윤주영, 도아라, 홍은채 | **디자인** 톡톡, 강효진, 김은지, 강연지, 윤금비
마케팅 정승호, 배현석, 김선아, 이서윤, 백경희, 김현정 | **경영관리** 고성림, 이민종 | **저작권** 민유리
도움준이 이인석, 황은희(원고 검토, 생각 넓히기 집필), 북앤포토(사진 진행)
협력업체 이피에스, 두성피앤엘, 월드페이퍼, 원방드라이보드, 해인문화사, 으뜸래핑, 문화유통북스

이 책은 저작권법에 따라 보호받는 저작물이므로 무단 전재와 무단 복제를 금합니다.
이 책 내용의 전부 또는 일부를 사용하시려면 반드시 저작권자와 출판사의 동의를 얻어야 합니다.

 KC마크는 이 제품이 공통안전기준에 적합하였음을 의미합니다.
제조국 : 대한민국 | 사용 연령 : 3세 이상
책 모서리에 부딪히거나 종이에 베이지 않도록 주의해 주세요.

역사학자 3인이 쓴 정통 한국사

한국사 읽는 어린이

글 강석화·김정인·임기환
그림 서영

② 고려

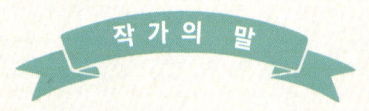

역사란 무엇일까? 왜 역사를 배워야 할까?

역사란 과거에 살았던 사람들의 이야기예요. 우리는 역사 공부를 통해 우리와 다른 시간, 다른 환경에 있었던 사람들이 어떻게 살았는지, 어떤 생각을 했는지, 어떤 기준으로 어떤 선택을 했는지 알게 되지요. 이처럼 과거에 살았던 사람들의 삶을 알아보고, 이를 바탕으로 우리는 어떻게 오늘을 살아야 하고 어떤 시각으로 세상을 보아야 하며 어떻게 세상과 만나야 할지를 스스로 깨닫게 됩니다. 그게 바로 역사를 배워야 하는 이유겠지요. 하지만 그러한 깨달음도 고정된 것은 아니에요. 더 많은 정보를 얻고 새로운 사실을 알게 되면 계속 바뀌게 마련이지요. 그러니까 열린 마음으로 꾸준히 공부하고 많은 사람들과 대화해야 한답니다. - 강석화

"어려워, 어려워!"
초등학교에서 막 역사를 배운 친구가 말했어요.
"뭐가 어려워?"
"뭔지는 모르겠는데, 아무튼 어려워!"
하긴 뭐가 어려운지 알면 그건 어려운 게 아니겠지요? 그 친구가 중학생이 되어 역사를 배우더니 이렇게 말했어요.
"아, 내가 초등학교에서 역사를 배우면서 뭐가 어려웠는지 이제 알겠다! 고려 다음에 조선이라는 나라가 있는 건 알겠는데, 세종 대왕과 이순신 중에 누가 먼저 태어났는지는 정말 헷갈렸거든."

아하, 그랬군요. 역사 속 인물에게는 태어난 순서가, 사건에는 일어난 순서가 있는데, 그걸 외우는 게 어려웠던 거군요.

하지만 역사에는 순서보다 더 중요한 게 있어요. 지금 어린이 여러분이 만나는 세상은 가족과 학교가 전부겠지만, 하루하루 커 가면서 만나는 세상은 점점 넓어질 거예요. 옛날에 살았던 사람들과 사건들을 익히는 역사 공부는 어린이가 넓은 세상으로 나아가는 데 꼭 필요해요. 넓은 세상을 미리 공부하는 예습인 셈이죠. 재미있게 역사 공부하기를 바라는 마음에서 선생님이 들려주듯 이 책을 썼어요. 이런 마음이 어린이 여러분과 통했으면 좋겠어요. - 김정인

"왜 우리 역사를 공부하게 되었어요?"
선생님이 가장 많이 받는 질문이에요.

"역사가 재미있잖아요!" 이런 대답에 어떤 학생들은 또 이렇게 되묻지요.

"뭐가 재미있어요? 외울 것도 많고, 너무 복잡해서 머리만 아프던데요!"

역사가 재미있다는 말이 이해가 되지 않는다고 고개를 갸우뚱하는 학생들에게 선생님이 들려주는 이야기가 있어요.

초등학교 5학년 때 일이었어요. 우연히 할아버지가 읽던 《삼국지》를 펼쳐 보았는데, 유비와 조조, 제갈공명 같은 인물들이 펼쳐 가는 이야기가 너무 재미있어서 푹 빠져들게 되었죠. 그러면서 나중에 크면 꼭 역사를 공부하겠다고 마음먹었고요.

저처럼 많은 어린이들이 역사를 재미있어 하고 좋아하기를 바라는 마음에서 이 책을 쓰게 되었어요. 역사 공부는 옛날에 일어난 일을 무작정 외우는 게 아니에요. 옛사람이 남긴 기록과 유물을 탐색하고, 그들이 살았던 시간과 공간을 간접적으로 체험하면서 그들이 살아온 모습을 들여다보는 거예요. 이를 통해 미래를 준비하는 거지요. 어린이 여러분이 이 책에 담긴 옛사람들의 이야기를 즐겁게 읽으면서 우리 역사를 좋아하게 되기를 바랍니다. - 임기환

차례

작가의 말 • 4
3인의 역사 교수님을 소개합니다 • 9

 1장 후삼국 시대가 열리다 • 10
　쟁점 토론 - 신라는 고려에 항복해야 했나요? • 22
　생각 넓히기 • 23

 2장 고려의 체제 정비 • 24
　사건 탐구 - 왕건은 왜 〈훈요십조〉를 남겼나요? • 34
　생각 넓히기 • 35

 3장 고려의 정치, 사회 제도 • 36
　생각 넓히기 • 47

 4장 거란과의 전쟁 • 48
　사건 탐구 - 고려는 왜 천리장성을 쌓았나요? • 58
　생각 넓히기 • 59

 5장 고려인의 생활 모습 • 60
　사건 탐구 - 고려 시대에는 재산을 아들, 딸 구분 없이 똑같이 물려받았나요? • 72
　생각 넓히기 • 73

 6장 고려의 문화 • 74
　사건 탐구 - 초조대장경과 속장경은 무엇을 가리키는 건가요? • 84
　생각 넓히기 • 85

7장 고려의 대외 관계 · 86
쟁점 토론 - 윤관이 세운 동북 9성은 어디에 있었나요? · 98
생각 넓히기 · 99

8장 문벌 귀족 사회의 동요 · 100
생각 넓히기 · 111

9장 무신 시대 · 112
쟁점 토론 - 무신 시대는 고려 사회에 어떤 영향을 미쳤나요? · 122
생각 넓히기 · 123

10장 농민과 천민의 난 · 124
인물 탐구 - 노비 평량은 어떻게 사람을 죽이게 되었나요? · 134
생각 넓히기 · 135

11장 몽골의 침입과 저항 · 136
쟁점 토론 - 고려는 강화도로 수도를 옮기고 몽골과 계속 싸워야 했나요? · 146
생각 넓히기 · 147

12장 《삼국사기》와 《삼국유사》 · 148
사건 탐구 - 기전체란 어떤 역사 서술 형식인가요? · 158
생각 넓히기 · 159

13장 원의 간섭과 고려의 자주성 회복 노력 · 160
사건 탐구 - 몽골풍이란 무엇인가요? · 170
생각 넓히기 · 171

14장 공민왕의 개혁 정치 · 172
인물 탐구 - 노국 공주는 어떻게 공민왕의 개혁 정책을 도왔나요? · 180
생각 넓히기 · 181

15장 홍건적과 왜구의 침입과 극복 · 182
인물 탐구 - 최무선은 어떻게 화약 무기를 개발하게 되었나요? · 192
생각 넓히기 · 193

16장 고려의 문화유산 · 194
생각 넓히기 · 205
더 알아보기 - 팔만대장경 · 206

17장 위화도 회군과 고려의 멸망 · 208
사건 탐구 - 정몽주와 최영은 어떻게 충신으로 유명하게 되었나요? · 216
생각 넓히기 · 217

연표 · 218
찾아보기 · 220
사진 제공 · 222

3인의 역사 교수님을 소개합니다

임기환

난 선사 시대부터 고려 시대 전기까지를 안내할 임기환 선생님이야. 조용하고 혼자 있는 걸 좋아하며 소극적인 편이야. 아무것도 안 하고 노는 것을 좋아하지. 특별히 아끼는 것은 아니지만 항상 손목시계를 차고 다녀. 여행과 등산을 좋아하지만, 다른 운동은 싫어해. 요즘은 고양이 키우기와 길고양이 돌보기에 빠져 있어.

강석화

난 고려 시대 후기부터 조선 시대까지를 안내할 강석화 선생님이야. 겉보기에는 활발해 보이지만 조금 소심한 편이야. 낯을 많이 가리는 편이지. 행동은 느리지만 검도를 할 때는 좀 달라. 이래 봬도 3단이라고! 요즘은 자전거 타기와 요트를 즐기고 있어. 혼자서 책을 읽거나 가족과 여행하는 것, 친구들과 수다 떠는 것을 좋아해.

김정인

근대와 현대를 담당하는 김정인 선생님이야. 난 웬만하면 스트레스를 받지 않고 화도 내지 않는 편이야. 항상 웃는 얼굴이라 놀림을 받은 적도 있지. 특별히 싫어하는 일은 없고, 운동을 아주 좋아해서 야구장에 직접 응원을 가기도 해. 가장 좋아하는 일은 공부하기야. 그래서 지치고 힘들 때면 공부를 한단다. 이상하니?

# 1장 후삼국 시대가 열리다

여기는 930년 경상도의 고창(지금의 안동)이라는 곳이야. 전쟁이 한창 벌어지고 있어. 그런데 한쪽이 밀리는 모습이네. 도대체 어느 나라와 어느 나라가 싸우는 것일까? 이 싸움에서는 누가 이겼을까?

질문 있어요!

거기, 궁금한 게 있어요!

무엇이든 물어보세요!

이번에는 우리 고려가 이겼어요! 그동안 계속 졌는데…!

그러네요. 이번엔 준비를 많이 했군요!

이제 우리 고려가 후삼국을 통일할 수 있겠지요?

파 워

왕건이 고창 전투에서 후백제에 승리를 거두자, 지방 호족들이 왕건의 편으로 돌아섰어. 고창 전투를 계기로 고려는 더 큰 힘을 갖게 되었단다.

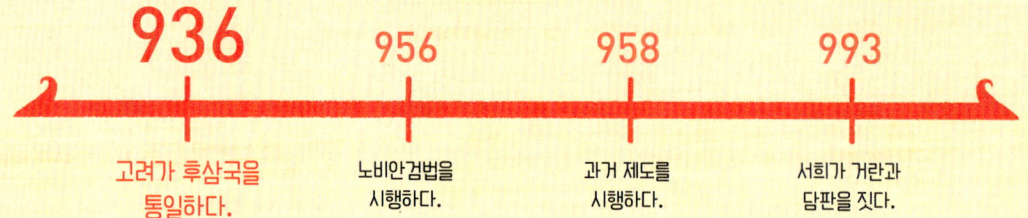

936 고려가 후삼국을 통일하다.

956 노비안검법을 시행하다.

958 과거 제도를 시행하다.

993 서희가 거란과 담판을 짓다.

견훤, 후백제를 세우다

삼국을 통일하고 번영을 누리던 신라는 9세기부터 흔들리기 시작했어. 왕족과 귀족들이 서로 왕이 되기 위해 싸움을 벌였고, 이로 인해 정치가 혼란스러워지면서 백성들은 점점 살기 어려워졌어. 나라에서 세금을 더 걷으라고 재촉하자, 이를 견디지 못한 백성들이 봉기를 일으켰고 봉기는 온 나라로 퍼져 나갔지. 이처럼 나라가 혼란스러워지자 중앙 정부의 힘이 지방에까지 미치지 못했어. 이때를 틈타 지방에서 힘 있는 무리들이 나타났는데, 이를 호족이라고 해. 호족들은 자기 지방을 실질적으로 다스렸어. 백성들에게서 세금을 거두고 군사들을 모아 세력을 키웠지. 이 무렵 등장한 호족들 중에서 견훤과 궁예, 왕건 등의 세력이 두드러졌는데, 이중 견훤과 궁예는 각각 후백제와 후고구려를 세웠어. 이렇게 해서 신라와 후백제, 후고구려의 후삼국 시대가 시작되었고, 고려로 통일될 때까지 약 50년 동안 이어졌어.

신라에서 독립해 먼저 나라를 세운 사람은 견훤이야. 견훤은 신라 상주 가은현

경상북도 상주에 있는 견훤산성이야. 견훤이 쌓았다는 이야기가 전해지고 있어.

(지금의 문경)에서 농부의 아들로 태어났어. 견훤은 어려서부터 체격이 크고 힘이 세며 용감했다고 해. 그래서 이런 전설 같은 이야기가 전해 온단다. 견훤이 아기였을 때 견훤의 부모님이 들에서 일을 하느라고 견훤을 나무 밑에 두었는데, 갑자기 호랑이가 나타나 견훤에게 다가가 깜짝 놀랐대. 그런데 자세히 보니 호랑이가 견훤에게 젖을 먹이고 있더라는 거야. 그만큼 견훤이 힘이 세고 용감했다는 것을 나타내는 이야기라고 할 수 있지.

무예가 뛰어났던 견훤은 신라 군대에 들어가 지휘관이 되어 남해안을 지키는 임무를 맡았어. 하지만 흉년으로 백성들이 굶주리는데도 백성은 돌보지 않고 세금만 더 거두려고 하는 나라에 실망했어. 그래서 골품 제도 아래서 귀족들만 설치는 세상을 끝내고 새로운 나라를 세워야겠다고 결심했지. 견훤은 나라가 혼란한 틈을 타서 자기를 따르는 군사들을 모았어. 그리고 군사 5천 명을 이끌고 무진주(지금의 광주)를 차지했어. 세력이 더 커진 견훤은 부하들을 이끌고 완산주(지금의 전주)를 점령했는데, 많은 백성들이 환영하며 기뻐했다고 해. 자신감이 생긴 견훤은 900년에 완산주를 도읍으로 '백제'라는 나라를 세웠어. 그런데 왜 백제라는 이름을 썼을까? 완산주와 무진

주가 있는 곳은 옛 백제 땅이야. 여기 살던 사람들은 신라로부터 여러 가지 차별을 받았어. 그래서 그 지역 사람들의 마음을 얻기 위해 나라 이름을 백제라고 한 거야. 신라에 멸망당한 옛 백제의 억울함을 풀기 위해 다시 백제를 세웠다고 하면 좋아할 거라고 생각한 거지. 그런데 왜 후백제가 아니고 백제냐고? 견훤은 나라 이름을 백제라고 했어. 하지만 삼국 시대의 백제와 구별하기 위해 나중 사람들이 '후백제'라고 부르는 거란다.

후백제는 세력을 계속 넓혀 전라도와 충청도 지역을 차지하고 외교에도 힘을 썼어. 중국의 오월과 후당 등에 사신을 보내 여러 차례 교류하기도 했지. 과거 백제가 중국 남조의 여러 나라와 교류한 것처럼 말이야. 후백제가 하나의 나라로 당당히 인정받기 위해서는, 국제 무대에서 활발하게 활동할 필요가 있다고 생각했던 거야.

궁예, 후고구려를 세우다

견훤이 후백제를 세울 무렵 궁예도 강원도와 황해도 땅을 차지하며 세력을 떨치고 있었어. 궁예는 애꾸눈으로 알려져 있는데, 눈 하나를 다치게 된 사연이 좀 기구해. 전하는 이야기에 따르면 궁예는 신라의 헌안왕, 또는 경문왕의 아들이라고 해. 궁예가 태어났을 때, 궁예의 출생이 나라가 망할 징조라고 하여 왕이 죽이라고 했대. 그래서 처마 아래로 던졌는데 마침 유모가 받아서 겨우 살아났대. 그때 한쪽 눈을 찔려 평생 애꾸눈이 된 것이라고 해. 궁예는 10살이 되던 해에 머리를 깎고 세달사라는 절에 들어가 중이 되었어. 하지만 궁예는 절에서 평생을 마칠 생각은 없었어. 세상을 바꾸겠다는 자신의 뜻을 펴기 위해 기회를 엿보고 있었지.

그러다가 북원(지금의 원주) 지방의 호족인 양길을 찾아가 그의 부하가 되었어. 그 당시 양길은 신라에 대항하여 세력을 키우고 있었거든. 양길은 궁예에게 군사를 주어 동쪽으로 땅을 넓히도록 했어. 궁예는 병사들과 함께 먹고 자면서 생활했어. 또 상이나 벌을 줄 때에도 공정하게 일을 처리했어. 그래서 많은 사람들이 궁예를 따랐지. 헌신적인 군사들 덕분에 궁예는 영월, 평창, 울진 등을 거쳐 명주(지금의 강릉)까지 차지했어. 따르는 사람들이 늘어나면서 세력이 커진 궁예는 양길을 대신하여 우두머리가 되었어. 그리고 다시 북쪽의 철원 등으로 땅을 넓혔고, 마

침내 황해도까지 차지하게 되었어.

궁예는 견훤이 후백제를 세운 이듬해인 901년에 송악(지금의 개성)을 도읍으로 삼아 나라를 세우고, 나라 이름을 '고려'라고 했어. 견훤이 '백제'를 세운 것과 비슷하지? 맞아. 궁예도 옛 고구려 땅에 살던 사람들의 마음을 얻기 위해서, 고구려의 뒤를 잇는 나라라는 의미로 고려라는 이름을 사용한 거야. 그런데 왜 고구려가 아니라 고려냐고? 그것은 장수왕 때부터 고구려가 나라 이름을 고려로 바꾸었기 때문이야. 후고구려도 후백제와 마찬가지로 삼국 시대의 고구려와 구별하기 위해 나중 사람들이 '후고구려'라고 부르는 거란다. 이처럼 후백제와 후고구려가 세워지면서 본격적으로 후삼국 시대가 열리게 되었어.

왕건, 궁예의 신하가 되다

왕건은 견훤이나 궁예처럼 새로 나라를 세우지는 않았지만 결국 나중에 고려의 태조가 되었어. 왕건과 관련해서도 이런 이야기가 전해지고 있어. 왕건의 아버지가 송악산 남쪽에 새로 집을 지을 때, 풍수지리에 밝은 도선 대사라는 스님이 지나가다가 이 집에서 큰 인물이 태어날 것이라고 한 뒤에 왕건이 태어났대. 왕건이 17살 되던 해에 다시 찾아온 도선 대사는 왕이 될 운명이라고 하면서, 왕건에게 병법과 도술을 가르쳤다고 해. 물론 고려 시대에 지은 책에 있는 이야기니까, 왕건을 돋보이게 하려고 좀 더 신비스럽게 이야기했을 거야.

왕건의 집안은 송악에서 대대로 해상 무역을 하면서 큰 부자가 된 호족이었어. 그런데 궁예의 세력이 막강해지자 왕건의 아버지인 왕륭은 앞날을 기

약하며 우선은 궁예의 부하가 되었어. 궁예는 왕륭과 왕건에게 벼슬을 내렸지. 왕건은 궁예 밑에서 경험을 쌓으며 힘을 키웠어. 왕건은 경기도 광주와 충주, 청주 땅을 차례차례 점령해 나갔어. 집안 대대로 해상 무역을 해 왔기 때문에 왕건은 바다 사정에 밝았어. 그래서 수군을 거느리고 바닷길을 통해 남쪽으로 내려가 후백제의 금성(지금의 나주)을 공격하여 차지했지. 왕건이 후백제 남부의 금성을 차지하면서 견훤은 남북 양쪽으로 후고구려를 상대해야 했어. 이처럼 왕건의 활약으로 영토가 넓어지자, 궁예의 신임은 더욱 두터워졌고 부하들도 왕건을 따르게 됐어.

후백제에 이어 후고구려가 세워지고 두 나라의 영토가 넓어지면서 신라는 이제 많이 약해졌어. 나라 땅을 대부분 잃고 경주를 중심으로 한 경상도 지역만 겨우 지키는 신세가 되었어.

세력이 커지자 궁예는 904년에 나라 이름을 마진으로 바꾸고 도읍을 철원으로 옮겼어. 또 911년에는 나라 이름을 다시 태봉으로 바꾸었지. 그런데 궁예는 점점 예전과 달라졌어. 자기를 미륵불이라고 하면서 마치 신이라도 되는 것처럼 행동했어. 미륵불이란 세상이 어지러울 때 세상을 구원하러 온다고 하는 부처를 가리키는 말이야. 밖으로 나갈 때에는 부처님이 행차하듯이 화려한 행렬로 꾸미도록 했어. 또 자신을 비판하거나 마음에 들지 않는 바른말을 하는 신하에게 벌을 내리고 죄를 물었어. 심지어는 아들과 부인까지 자기를 비판한다고 잡아서 죽였지. 이렇게 되자 신하들은 더 이상 궁예를 따르지 않게 되었어.

결국 918년 후고구려의 장군인 홍유와 배현경, 신숭겸, 복지겸 등이 왕건을 왕으로 추대하고 반란을 일으켰어. 반란군이 들이닥치자 궁예는 평민 옷으로 갈아입고 산속으로 도망쳤지만 민심을 잃은 그를 받아줄 곳은 없었어. 결국 궁예는 백성들에게 죽임을 당했다고 해.

그런데 궁예는 정말 폭군이었을까? 《삼국사기》 등의 기록을 보면 후삼국 시대를 이끌었던 견훤이나 궁예는 왕건에 비해 나쁘게 표현되어 있어. 이것은 그 기록들이 고려 시대에 쓰인 것이기 때문이야. 아무래도 고려를 세운 왕건은 훌륭하다고 표현하고, 왕건에 맞섰던 견훤이나 궁예는 나쁘게 쓰게 되겠지? 그러니까 역사를 볼 때에는 이런 것까지도 생각해야 한단다.

> 강원도 철원에 있는 명성산이야. 전하는 이야기에 따르면 궁예가 왕건에게 쫓겨난 것을 슬퍼하며 소리 내어 울자, 산도 따라 울었다고 해. 그래서 산 이름도 울음산이라는 뜻의 명성산이라고 한단다.

왕건, 후삼국을 통일하다

왕위에 오른 왕건은 송악으로 도읍을 옮기고 나라 이름도 다시 고려라고 했어. 후삼국을 통일하기 위해서는 호족들의 도움이 필요했기 때문에, 자기 편으로 만들기 위해 호족들을 우대했지. 나라가 튼튼해지려면 백성들의 생활이 나아져야 한다고 생각해서, 백성들의 세금도 줄여 주었어. 발해가 망하면서 도망쳐 온 발해 유민들도 따뜻하게 맞아 주었는데, 이들은 고려가 세력을 키우는 데 큰 도움이 되었어. 또 신라에 대해서도 우호적인 입장을 취해서 신라 왕실이나 백성들이 고려를 좋아하게 만들었어.

하지만 견훤의 후백제는 결코 만만치 않았어. 견훤은 고려와 싸우기에 앞서 신라를 굴복시키기 위해 금성으로 쳐들어갔어. 약해질 대로 약해진 신라는 아무 저항도 못 하고 무너졌지. 견훤은 신라의 경애왕을 죽이고 경순왕을 새로운 왕으로 세웠어. 이 소식을 듣고 왕건이 신라를 구원하러 왔지만, 견훤에게 패배하고 간신히 목숨만 건져 돌아갔어. 패배를 당한 왕건은 3년 동안 만반의 준비를 갖추었어. 그런 뒤에 반격에 나서 930년 고창(지금의 안

동)에서 견훤에게 큰 승리를 거두었어. 앞(10~11쪽)에서 보았던 것이 바로 왕건의 군대가 견훤의 군대와 싸우는 모습이야. 왕건이 크게 이기자 눈치만 보고 있던 지방의 호족들이 고려 편으로 넘어왔어.

후백제는 고창에서 크게 패배한 데다가 왕위 다툼까지 이어져 점점 쇠퇴해 갔어. 견훤이 나이가 들어 왕위를 넷째 아들인 금강에게 물려주려 하자, 장남인 신검이 두 동생과 함께 반란을 일으켜 금강을 죽이고 견훤을 금산사에 가두었어. 그리고 스스로 왕위에 올랐지. 이에 분개한 견훤은 고려로 도망쳤고, 왕건은 견훤을 따뜻하게 맞아 주었어.

신라의 마지막 왕인 경순왕은 935년에 고려에 항복했어. 더 이상 나라를 지킬 힘이 없다고 생각한 경순왕은 백성들이라도 편안하게 살도록 하기 위해 항복했던 거야. 그렇게 해서 천 년의 역사를 자랑하던 신라가 영영 사라지게 되었지. 긴 역사를 가진 신라의 최후가 너무 간단하지 않니? 그 뒤로 신라라는 나라는 없어지고 경주라는 이름으로 불리게 되었어.

936년 왕건은 군사를 거느리고 후백제를 공격했어. 후백제에서 도망쳐

전라북도 김제에 있는 금산사라는 절이야. 견훤은 아들들에게 갇혀 이곳에 갇혀 있다가 고려로 도망쳤어.

온 견훤도 같이 참가했지. 고려 편에 서서 아들이 이끄는 후백제군과 맞서 싸운 거야. 신검이 이끄는 후백제군은 있는 힘을 다해 싸웠지만, 신라까지 차지한 고려군의 사기를 당해 낼 수 없었어. 결국 고려에 무릎을 꿇고 항복하고 말았어. 이렇게 해서 약 50년 동안 이어진 후삼국 시대가 끝나고 고려 시대가 시작되었단다.

쟁점 토론

신라는 고려에 항복해야 했나요?

신라의 마지막 왕인 경순왕은 더 이상 나라를 지킬 힘이 없다고 판단하여, 신라를 왕건에게 바치고 항복하는 것에 대해 신하들과 의논을 했어. 항복하자는 주장과 항복해서는 안 된다는 주장이 서로 엇갈렸지만, 아무래도 항복하자는 주장이 우세했지.

경순왕의 아들인 태자는 항복해서는 안 된다며 끝까지 반대했어.

> 충신들과 백성들의 마음을 합쳐 끝까지 싸운 뒤에 망할지언정. 어찌 천 년 사직을 하루아침에 가벼이 남에게 넘겨 줄 수 있겠습니까?

하지만 경순왕을 비롯하여 많은 사람들은 항복하자고 주장했어. 결국 신라는 고려에 항복하고, 태자는 금강산으로 들어가 삼베옷만 입고 살았다고 해. 그래서 '마의 태자'라고 부른단다.

> 더 이상 나라를 지킬 힘도 없는데, 고려와 싸운다면 백성들만 힘들게 될 것이다. 이렇게 된 바에야 백성들이라도 편안하게 살도록 하는 게 낫다!

> 어떻게 생각해? 망하게 되더라도 끝까지 싸워야 한다는 주장과 힘이 없으니 백성들이라도 편하게 살도록 항복해야 한다는 주장. 둘 중에 어느 것이 옳은 것 같아?

> 나라를 지킬 것이냐? 백성을 살릴 것이냐? 어려운 문제네요!

생각 넓히기

1 생각해 보기

다음은 후삼국을 통일하는 과정에서 왕건이 취한 태도야. 왕건이 이런 태도를 취한 이유가 무엇인지 생각해 보자.

왕건은 발해가 망하면서 도망쳐 온 발해 유민들을 따뜻하게 맞아 주었고, 신라에 대해서도 우호적인 입장을 취했다.

2 활동해 보기

신라가 약해진 틈을 타서 견훤과 궁예는 각각 나라를 세우고, 나라 이름을 백제와 고구려(고려)라고 붙였어. 견훤과 궁예가 나라 이름을 그렇게 정한 이유가 무엇인지 다음 빈칸에 써 보자.

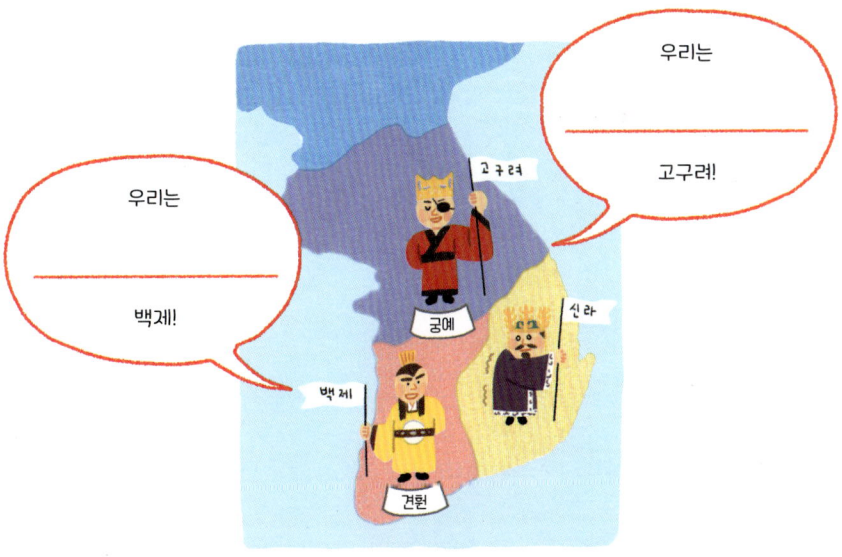

우리는 _____ 고구려!

우리는 _____ 백제!

2장 고려의 체제 정비

여기는 광종이 다스리던 때의 고려 개경이야.
웬일인지 사람들이 기뻐하고 있어. 한쪽에는 못마땅해하는 사람들도 있네.
무슨 일인데 사람들이 저러는 걸까?

새 왕조의 나아갈 길

후삼국을 통일한 태조 왕건은 고려 왕조를 통해 새로운 시대를 열어 가고자 했어. 고려를 세우면서 임금이 즉위한 해에 붙이는 이름인 연호를 '천수'라고 했는데, 이는 하늘의 명을 받았다는 뜻이야. 또 송악산 남쪽에 궁궐을 짓고 그 중심 건물의 이름을 '천덕전'이라고 붙였는데, 이는 하늘의 덕을 널리 편다는 뜻이지. 이처럼 왕건은 자신이 세운 고려가 하늘의 뜻에 따라 백성들에게 덕을 베푸는 훌륭한 나라가 되기를 바랐어.

왕건은 나라 밖 국제 정세를 살피는 일에도 신경을 썼어. 그 당시에는 발해를 멸망시킨 북방의 거란이 세력을 키우고 있었어. 왕건은 거란의 침략에 대비하여 국경 근처에 성을 쌓았지. 그리고 서경(지금의 평양)을 중요하게 생각하여, 제2의 수도로 삼아 북진 정책을 추진하는 근거지로 삼았어. 왕건의 북진 정책은 북방을 지배했던 고구려인의 정신을 계승하고, 영토를 되찾

송악산 남쪽에 세워진 고려 궁궐을 복원한 모형이야. 만월대라고 부르는 고려 궁궐터에 예전에는 이런 멋진 궁궐이 있었어.

으려는 의지의 표현이라고 할 수 있어. '고려'라는 나라 이름부터가 고구려를 계승한다는 의미라는 것은 이미 알고 있지?

왕건은 통일 신라 말기부터 후삼국의 혼란기를 거치면서, 나라에서 너무 가혹하게 세금을 걷는 것 때문에 백성들의 삶이 어려워지는 것을 보았어. 이 때문에 왕건은 백성들의 세금을 줄여 주는 정책을 폈어. 또 왕건은 그 당시 많은 백성들이 믿고 있던 불교를 중요하게 생각했어. 불교가 왕권 강화에 도움이 될 뿐만 아니라, 나라의 번영도 불교의 가르침을 따라야 온다고 생각했지. 그래서 불교를 크게 장려하고, 불교 행사인 연등회와 팔관회를 성대하게 열도록 했어.

왕건, 호족을 다스리다

왕건이 후삼국을 통일하는 과정에서 지방 호족들의 도움이 큰 힘이 되었어. 왕건은 호족들을 포섭하기 위하여 많은 노력을 기울였어. 세력이 강한 호족들에게는 자신을 낮추고 상대를 높이는 겸손한 태도를 보여 호감을 얻기도 하고, 때로는 군사적인 힘을 과시하여 호족들이 항복하도록 했지. 왕건은 호족들이 자기에게 충성하도록 만들기 위해 여러 가지 정책을 폈어. 호족들에게 벼슬을 주기도 하고, 왕실과 혼인을 시키기도 했으며, 때로는 왕실의 성씨인 '왕'씨를 내려 주기도 했어. 또 호족들의 세력 기반을 어느 정도 인정해 주었지.

이렇게 전국 곳곳에 자리 잡은 호족들의 도움으로 후삼국을 통일했지만, 통일 이후에는 오히려 이 호족들을 어떻게 다스리느냐가 왕건의 고민거리가 되었어. 그래서 몇 가지 정책을 폈는데, 그중 하나가 결혼 정책이야. 결

혼 정책은 후삼국을 통일하는 과정에서 왕건이 자주 사용한 방법이었는데, 왕건이 강력한 지방 호족들의 딸과 결혼하는 거였어. 자기 딸과 결혼했으니 왕건이 사위가 되는 셈인데, 사위와 딸을 배신하고 반란을 일으키지는 않을 테니 말이야. 이렇게 지방 호족들을 자기편으로 묶어 두기 위해 결혼을 하다 보니 왕건에게는 부인이 29명이나 되었지. 자식도 아들 25명, 딸 9명을 낳았어. 하지만 이는 왕건이 죽고 나서 왕자와 외척들 사이에 왕위 다툼이 벌어지는 원인이 되었단다.

왕건은 결혼 정책 외에 사심관 제도와 기인 제도도 실시했어. 사심관 제도는 중앙의 높은 벼슬을 가진 호족을 자기 출신 지역의 사심관으로 임명하는 제도야. 그러니까 어떤 지역 출신의 호족이 개경에서 높은 관리가 되었을 때, 그 호족에게 출신 지역의 일까지 관리하도록 한 거지. 이는 호족들을 우대하면서도, 호족을 통해 그 지방 세력을 통제하려는 정책이었어. 만일 그 지역에서 반란이 일어나면 사심관이 책임을 져야 했거든. 또 기인 제도는 지방 호족들의 아들을 불러들여 수도 개경에 머물면서 자기 출신 지역의 일을 돕도록 한 제도야. 호족 입장에서는 아들이 개경에서 관리가 되는 것이니 좋을 수도 있지만, 위협이 될 수도 있어. 만약 호족이 왕의 말을 듣지 않거나 반란을 일으키려고 하면, 그 아들이 먼저 위험에 처하게 될 테니 말

개성에 있는 왕건의 무덤인 현릉이야. 오른쪽에 있는 왕건 동상은 1992년 북한에서 현릉 보수 공사를 하다 발견했어. 광종 때 만들어져 고려 시대 내내 신성하게 모셔졌어.

이야. 기인 제도는 호족들의 아들을 인질로 삼는 것이라고 볼 수 있어. 이렇게 해서 왕건은 지방의 호족들이 다른 마음을 품지 않도록 했어.

왕건은 새로 세운 고려의 기틀을 잡기 위해 이 밖에도 여러 가지 정책을 폈어. 그리고 죽기 전에 나라를 다스리는 중요한 정책 방향을 유언으로 남겨서, 자손들에게 두고두고 전할 수 있도록 했지. 이를 〈훈요십조〉라고 해.

광종, 황제의 나라임을 선포하다

여러 가지 정책을 통해 호족들을 잘 다스렸던 왕건이 죽고 나자 고려에는 혼란이 생겼어. 앞에서 말한 것처럼 왕자들이 많았기 때문에, 각 호족들의 후원을 받는 왕자들 사이에서 왕위 다툼이 일어나 왕권이 불안해진 거야. 태조의 맏아들 혜종이 왕위에 올랐으나 3년 만에 죽고, 둘째 아들 정종 역시 4년 만에 죽고 말았지. 그 뒤를 이어 셋째 아들 광종이 왕위에 올랐어.

앞의 왕들이 왕위 다툼에 시달리는 것을 본 광종은 어떻게 하면 왕권을 안정시킬 수 있을지 고민했어. 그래서 외척이나 호족들의 힘을 약하게 하고 왕권을 키우기 위해 노력했어. 이를 위해 먼저 노비안검법을 실시했어.

노비안검법은 공신과 호족의 노비를 조사해서, 억울하게 노비가 된 사람들은 다시 평민으로 풀어 주는 법이야. 공신이나 호족들이 멀쩡한 평민을 잡아다 억지로 노비로 만드는 경우가 많았거든. 다시 평민이 된 백성들은 기뻐했어. 앞(24~25쪽)에서 보았던 것이 노비

안검법에 따라 노비에서 풀려난 사람들이 좋아하는 모습이야. 반면에 공신과 호족들은 불만이 많았지. 그런데 노비를 풀어 주는 것이 공신과 호족의 힘을 약하게 하고 왕권을 키우는 것과 무슨 상관이 있을까? 그 당시 노비는 커다란 재산이었어. 일을 하고 때에 따라서는 무기를 들고 싸우는 사병이 되기도 했어. 여기서 사병이란 나라의 군사가 아니라 개인을 위해 싸우는 개인의 군사를 말하는 거야. 그러니까 노비를 풀어 주는 것은 공신과 호족의 재산과 군사력을 빼앗아 힘을 약하게 만드는 효과가 있었던 거야.

또한 광종은 중국에서 귀화한 쌍기라는 인물의 건의에 따라 과거 제도를 실시했어. 과거를 통해 능력 있는 관리들을 선발했지. 과거 제도도 외척과 호족을 견제하는 장치였어. 신분이나 집안에 상관없이 실력에 따라 관리를 뽑았기 때문에, 외척이나 호족의 자식들이 마음대로 관리가 되는 것을 막을 수 있었거든. 이렇게 뽑힌 관리들은 왕에게 충성하는 신하가 되었어. 광종은 공복 제도도 실시했어. 공복 제도란 신하들의 옷인 공복의 색깔을 관

직의 등급에 따라 다르게 정해 주는 거야. 가장 높은 등급은 자주색, 그다음 등급은 붉은색, 주황색, 초록색의 순서였지. 이처럼 공복의 색깔에 따라 지위를 구분하는 공복 제도는 국왕을 중심으로 관리들의 위계질서를 확립하려는 의도에서 시행했는데, 이 또한 왕의 권위를 높이기 위한 것이었어. 광종은 이런 정책을 통해 공신과 호족의 힘을 약화시키고, 자신의 뜻에 따라 관리를 뽑고 그들을 통제하면서 왕권을 강화했어.

왕권에 대한 자신감이 생기자 광종은 고려를 황제의 나라로서 위상을 갖추도록 했어. '광덕'과 '준풍'이라는 독자적인 연호를 사용하였고, 개경을 황제의 수도라는 뜻을 가진 '황도'로, 또 서경은 '서도'로 부르게 했어. 이를 통해 고려가 황제의 나라라고 하는 자부심을 나라 안팎에 널리 과시하려 했던 거야. 광종의 이런 노력으로 고려는 새로운 나라로 탈바꿈하기 시작했단다.

> 고려 시대에 세워진 용두사라는 절터에 남아 있는 철 당간이야. 당간은 절에서 의식을 치를 때 깃발을 걸어 두는 기둥이야. 이 당간에는 광종이 사용했던 준풍이라는 연호가 새겨져 있지. 충청북도 청주에 있어.

성종, 나라의 제도를 완성하다

광종의 노력으로 왕권이 안정기에 접어들면서, 나라의 체제를 정비하려는 노력이 계속되었어. 광종의 뒤를 이은 경종은 관리들의 경제적 안정을 위해 전시과 제도를 실시했어. 전시과 제도는 관리의 등급에 따라 전지와 시지를 나누어 주는 제도야. 전지는 곡물을 생산하는 농토를 가리키고, 시지는 땔감을 거둘 수 있는 토지를 말하는 거야. 두 가지를 합쳐서 전시과라고 하지. 그러니까 관리에게 돈이나 곡물 같은 월급을 주는 것이 아니라 토지를 나눠 주었던 거야. 그렇지만 관리가 그 땅의 주인이 되는 것은 아니야. 관리는 땅 주인이 나라에 바치는 세금을 받아서 그것으로 월급을 대신했어. 이러한 권리는 관리가 벼슬을 그만두거나 죽으면 다시 나라에 되돌려 주게 되어 있었어.

고려의 기틀을 확실히 세운 왕은 경종의 뒤를 이어 왕위에 오른 성종이었어. 성종은 유교를 기본 이념으로 나라를 다스리고자 했어. 그래서 신하들에게 나라를 다스릴 좋은 방법을 건의하라고 했지. 이때 최승로라는 신하가 '시무 28조'라는 개혁안을 올렸어. 시무 28조란 '지금 왕이 시급히 해야 할 28가지 정책'이란 뜻이야. 최승로는 사회 질서를 바로잡고 백성들의 생활을 안정시켜야 하며, 중국의 문물을 받아들이더라도 고려의 주체성을 잃지 말아야 한다는 등의 내용을 건의했어. 최승로가 올린 28개 항목 중 지금은 22개 항목만 남아 있지만, 그가 만들고자 했던 세상이 어떤 모습이었는지 엿볼 수 있어.

- 큰 고을은 중앙에서 관리를 파견하여 다스려야 한다.
- 집을 너무 크게 짓는 일이 많으니, 신분에 따라 가옥의 크기를 규제해야 한다.
- 공물과 군역 등 백성들에게 부과되는 부담을 줄여야 한다.
- 사찰을 멋대로 짓지 못하게 해야 한다.
- 연등회와 팔관회의 규모를 줄여야 한다.
- 사찰에서 불상에 금을 입히는 등 사치와 낭비를 금해야 한다.
- 중국의 문물을 받아들이더라도 의복 등은 우리 고려의 것을 따르도록 해야 한다.
- 왕실의 노비 수와 궁궐을 지키는 군사 수를 줄여야 한다.
- 신하들을 예의 있게 대해야 한다.

지금 시급히 해야 할 시무 28조이옵니다.

성종은 최승로의 건의에 따라 나라의 제도를 정비했어. 중앙 행정 기구를 정비하여 3성 6부 등을 두었지. 지방 호족들을 통제하는 정책으로, 지방의 중요한 곳에 12목을 설치하고 지방관을 파견하여 다스렸어. 12목에는 경학박사와 의학박사를 1명씩 내려보내 지방 관리들의 교육을 담당하도록 했어. 또 개경에는 국립 대학인 국자감을 설치해서 유교 정치 이념을 보급하고 교육하도록 했어. 성종이 펼친 여러 가지 정책으로 고려는 나라의 기틀을 튼튼히 세우게 되었어.

왕건은 왜 〈훈요십조〉를 남겼나요?

왕건은 후대의 왕들이 나라를 잘 다스리기를 바라는 마음에서 일종의 유언을 남겼어. 이를 〈훈요십조〉라고 하는데, '열 가지 중요한 가르침'이라는 뜻이야.

그중에는 당나라의 문물을 따르되, 고려의 독자적 풍속도 있으니 모든 면에서 다 중국을 따르지는 않아도 된다는 구체적인 생각을 담고 있는 것도 있어. 그리고 특히 거란과 같은 야만적 나라의 풍속은 따르지 말라는 당부도 잊지 않았지.

또 연등회와 팔관회를 성대하게 치르라고 하면서 불교를 중요하게 여기도록 했어. 하지만 그 힘이 지나치게 커지지 않도록 잘 관리해야 한다는 조항도 있어.

백성을 중요하게 생각하는 조항도 있어. 백성에게 아무 때나 일을 시키지 말고, 세금을 줄여 주며 상과 벌은 공정해야 한다는 조항이야. 여기에는 백성을 생각하는 마음이 잘 드러나 있어.

생각 넓히기

1 생각해 보기

다음은 고려 광종이 실시한 정책들이야. 광종이 다음과 같은 정책을 실시한 이유는 무엇이고, 그 결과로 어떤 변화가 생겼는지 생각해 보자.

첫째, 억울하게 노비가 된 사람들을 평민으로 만들어 주는 노비안검법을 실시한다!

둘째, 과거를 통해 관리를 뽑는 과거 제도를 실시한다!

🖍 이유
_____
_____
_____

🖍 변화
_____
_____
_____

2 활동해 보기

후삼국을 통일한 뒤에 다음과 같은 문제를 해결하기 위해, 왕건이 어떤 정책을 실시했는지 생각하여 써 보자.

문제점

- 어떻게 하면 지방의 호족들이 내 편에서 충성을 다하도록 할 수 있을까?

- 어떻게 하면 백성들이 굶지 않고 잘살도록 만들 수 있을까?

- 고구려의 정신을 계승하고 고구려의 영토를 되찾으려면 어떻게 해야 할까?

실시한 정책

3장 고려의 정치, 사회 제도

여기는 고려 시대의 어느 마을이야. 많은 사람들이 몰려나와 일을 하고 있어. 무너진 저수지 둑을 다시 쌓고 있는 것 같아. 저 사람들은 누구인데 둑 쌓는 일을 하고 있는 걸까?

중앙 정치 제도

나라를 다스리려면 행정 기구가 필요해. 오늘날 우리나라에도 대통령과 국무총리를 비롯한 행정부가 있고, 또 입법부인 국회와 사법부 등이 있잖아. 고려도 건국 초기부터 이런 체제를 만들기 위해 노력했어. 고려의 중앙 정치 기구는 성종 때에 만들어졌어. 그 중심이 된 것이 바로 3성 6부제야. 3성이란 중서성, 문하성, 상서성을 가리키는데 중앙 정부 안의 가장 높은 기구였지. 또 6부는 이부, 병부, 호부, 형부, 예부, 공부를 가리키는 것으로, 실제로 나랏일을 처리하는 곳이었어. 3성 6부 제도는 본래 중국 당나라에서 시행했던 제도였어. 발해가 이를 받아들여 중앙 정치 기구로 삼았다는 것은 알고 있지? 고려도 이 제도를 받아들였던 거야.

하지만 고려의 3성 6부 제도는 당나라의 제도와는 차이가 있었어. 중서성과 문하성이 겉으로는 구분되어 있었지만, 보통은 중서문하성이라고 하는 하나의 기구로 활동했어. 중서문하성에서 나라의 중요한 일들을 의논해서 결정하면, 결정된 일들을 상서성에 소속된 6부에서 실행하는 방식이었지. 이처럼 당나라의 제도를 받아들였어도 고려의 실정에 맞게 바꾸는 독자성을 잃지 않았어. 이 밖에도 송나라의 제도를 받아들여 중추원과 삼사라는 기구도 두었어. 중추원은 왕의 명령을 전달하고 왕에게 올리는 보고를 담당하는 국왕의 비서 기관이었는데, 왕궁을 호위하는 일도 맡았어. 삼사는 재정과 회계 등을 담당하는 기구였지.

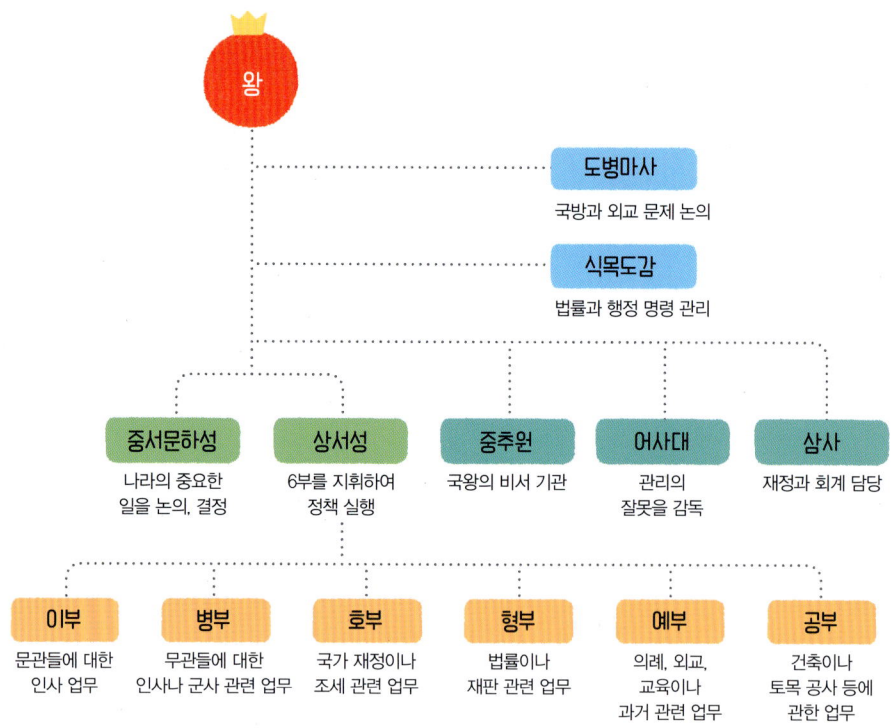

또한 고려만의 독자적인 기구도 만들었어. 도병마사와 식목도감이 그것이야. 도병마사는 중서문하성과 중추원의 높은 관리들이 모여서 나라의 중요한 일을 논의하는 임시 기구였는데, 주로 국방과 외교 문제를 다루었어. 식목도감은 법률과 행정 명령 등을 다루는 기관이었어. 고려 시대에는 공식적인 법전이 없었기 때문에 관례나 관행이 중요했어. 그래서 각 부처의 관례나 정책, 국왕의 명령 등을 잘 관리해야 했지. 식목도감에서 이런 것들의 관리를 맡아서 했던 거야. 이처럼 고려의 중앙 정치 기구는 당과 송의 제도를 받아들이면서도 고려의 독자적인 방식을 담고 있었단다.

지방 제도

고려를 건국하는 과정에서 태조 왕건은 각 지역 호족들의 지배권을 어느 정도 인정해 주었어. 고려가 국가 제도를 정비하면서 권력이 큰 일부 호족들은 중앙의 귀족이 되었고, 지방에 남은 호족들은 지방의 관리인 향리가 되어 그 지역을 다스렸지. 그런데 왕의 권력이 지방에까지 미치기 위해서는, 지방에 관리를 파견하여 다스릴 필요가 있었어. 성종은 중요한 지방에 12목을 설치하고, 직접 관리를 내려 보내 다스리게 했어. 12목은 양주, 광주, 충주, 청주, 공주, 진주, 상주, 전주, 나주, 승주, 해주, 황주의 12곳이야. 이들 지명은 지금도 많이 들어 볼 수 있는 이름인데, 모두 인구나 농경지가 풍부하여 강력한 지방 세력이 자리 잡고 있었던 곳이지.

그 뒤 여러 차례 지방 제도가 바뀌다가 5도 양계로 정착되었어. 5도는 양광도, 경상도, 전라도, 서해도, 교주도이고, 양계는 북계와 동계를 말하는 거야. 그중 북계와 동계, 즉 양계는 북방의 국경에 설치되어 군사적인 역할이 중요했지. 5도와 양계는 지금으로 치면 경상도나 전라도 같은

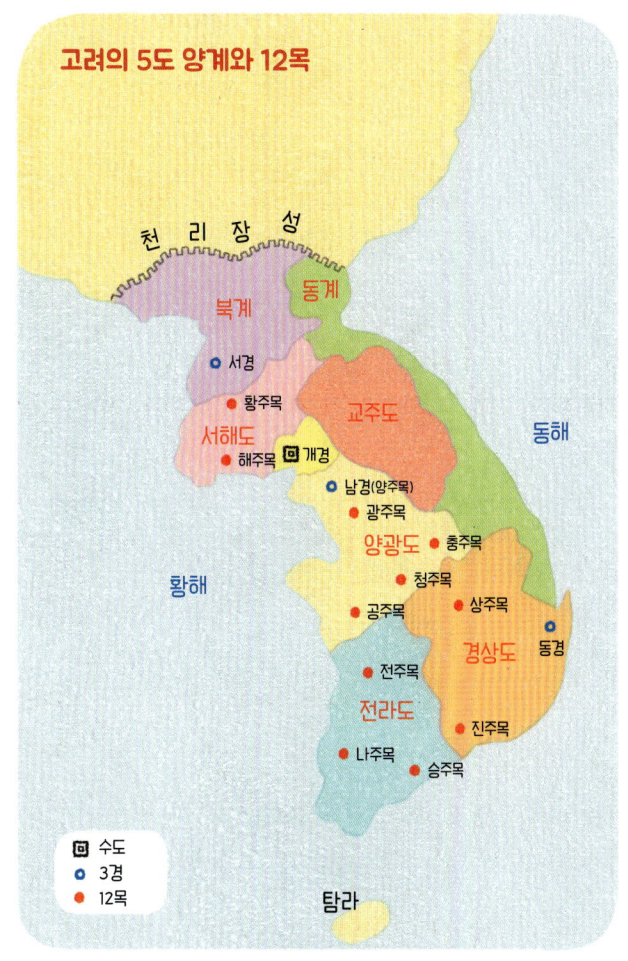

고려의 5도 양계와 12목

도에 해당한다고 할 수 있어.

　5도 양계 안에는 주, 군, 현 등의 행정 구역이 있었어. 지금 도 안에 시나 군이 있는 것과 마찬가지로 말이야. 실제로 지방 주민들을 다스리는 행정 단위는 군과 현이었어. 현에는 지방관인 현령이 파견되었는데, 모든 현에 현령이 파견되지는 못했어. 아직 고려의 지방 제도가 전국 곳곳에 지방관을 보내 다스릴 만큼 정비되지 않았기 때문이야. 현령이 파견된 일부 큰 현을 '주현'이라고 했고, 나머지 현은 '속현'이라고 했어. 속현은 주현을 통해서 간접적으로 중앙의 통제를 받았지. 속현에 사는 주민들은 주현의 주민에 비해 처지가 낮았고 차별도 받았어. 이 밖에 향, 부곡, 소라고 하는 특수 행정 구역도 있었는데, 이곳에 사는 주민들의 처지는 속현의 주민보다도 낮았어.

조세 제도

　고려 시대에는 농사가 가장 주요한 산업이었기 때문에 토지가 가장 중요했어. 일부 상인과 수공업자를 제외하고는 대부분의 주민이 농민이었으므로, 나라 전체가 농사로 먹고산다고 할 수 있었지. 물론 그 이전의 삼국 시대도 마찬가지였지만 말이야. 나라를 다스리려면 돈이 필요했는데 이는 토지에 세금을 매겨서 충당했어. 그래서 정부에서는 나라 전체에 농사짓는 토

지가 얼마나 되는지, 그 토지는 누구의 것인지, 또 토질의 좋고 나쁨에 따라 생산량이 달라지기 때문에 각 토지의 좋고 나쁨은 어느 정도인지를 조사했어. 이를 토지를 측량한다는 뜻으로 '양전'이라고 해.

나라에서는 이렇게 조사한 농토를 대상으로 세금을 거뒀어. 토지를 가진 사람에게는 보통 생산량의 $\frac{1}{10}$ 을 세금으로 거두었어. 그리고 토지가 없는 농민이 나라의 토지를 빌려 경작하는 경우에는 생산량의 $\frac{1}{4}$ 을 세금으로 거두었지. 이렇게 거둔 세금으로 나라를 다스렸기 때문에, 세금을 거두는 것은 지방관이나 향리의 중요한 임무였어.

그렇지만 세금으로 거둔 곡식만으로 국가 재정을 운영할 수는 없었어. 수공업 제품이나 다른 특산물도 필요하고, 또 성을 쌓거나 저

고려 시대에 태안 앞바다에서 침몰한 배에서 나온 죽간이야. 죽간은 대나무에 글을 적은 거야. 죽간에 쓰인 글을 통해, 침몰된 배가 전라도 지역에서 세금과 공물 등을 싣고 개경으로 가던 배라는 것을 알 수 있어.

고려의 정치, 사회 제도

수지를 만들려면 사람의 노동력도 필요했지. 그래서 고려에서는 양전과 함께 인구수를 조사하여, 이들로부터 물품이나 노동력을 거둬들였어. 국가 운영에 필요하여 거둬들이는 물품을 공물이라고 해. 여기에는 옷감 등 직물을 비롯하여 농산물, 임산물, 해산물, 광물, 수공업 제품 같은 물품이 모두 포함되었어. 또 주민들의 노동력을 동원하는 것을 요역이라고 해. 성을 쌓거나 궁궐과 지방 관청, 사원을 짓고 고치는 일, 저수지 둑이나 길을 만드는 여러 가지 공사에 노동력을 동원했어. 앞(36~37쪽)에서 보았던 것이 무너진 저수지 둑을 다시 쌓는 데 동원된 사람들의 모습이야. 이렇게 공사에 참여해 일을 하는 동안에는 농사도 지을 수 없었지. 이런 세금들은 처음에는 백성들의 삶을 안정시키기 위해 무리하게 부과하지 않았어. 하지만 세월이 흐르면서 이런저런 이유로 세금이 늘어났고, 이로 인해 백성들이 살기 어려워지는 경우가 많았어.

과거 제도

고려 시대에 관리가 되기 위해서는 과거 시험에 합격해야 했어. 과거 제도는 앞에서 이야기한 대로 광종 때부터 실시했지. 과거 시험의 종류에는 제술과, 명경과, 잡과의 3종류가 있었어. 제술과는 문장이나 문학적 능력을 시험하였고, 명경과는 《예기》, 《춘추》 등 유교 경전에 관한 지식을 측정했어. 그리고 잡과는 의학, 법률, 산수 등 실용적인 전문 분야에 따라 11종류로 나누어 시험을 치렀어. 이중 제술과와 명경과가 중요했는데, 시험을 볼 수 있는 자격에 제한이 있었어. 문무 관리와 상급 향리 이상의 자손들만 시험을 볼 수 있었지. 잡과는 일반 양인들도 시험을 볼 수 있었지만, 농사를

고려의 과거 제도

짓거나 생산 활동을 해야 하는 양인들이 공부해서 잡과에 합격한다는 것은 사실 아주 어려운 일이었어.

제술과와 명경과에 합격하면 관리가 될 수 있었고 높은 벼슬까지 올라갈 수 있었어. 잡과 합격자는 기술관이 될 수 있었지. 하지만 과거에 합격했다고 해서 모두 높은 관직에 오를 수 있었던 것은 아니야. 개인의 능력도 중요하지만, 어느 가문 출신인지, 또 어느 스승의 제자인지도 영향을 미쳤거든.

권세 높은 가문에서는 자손들이 과거에 합격해서 고위 관직에 올라 계속 권세를 이어 가기를 바랐지만, 모든 자손들이 과거에 합격할 능력을

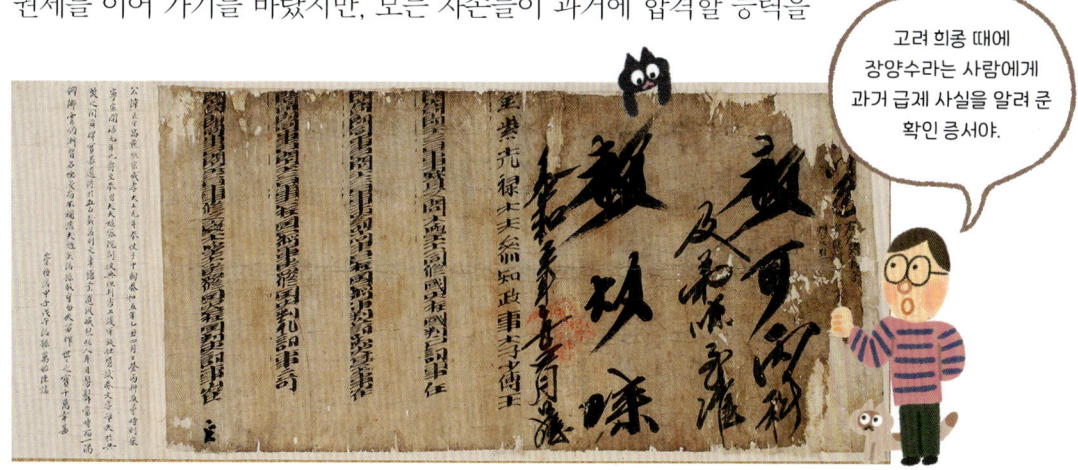

고려 희종 때에 장양수라는 사람에게 과거 급제 사실을 알려 준 확인 증서야.

고려의 정치, 사회 제도

갖고 있지는 않았어. 그래서 고려 귀족들은 과거를 보지 않고도 관직을 얻을 수 있는 제도를 마련했어. 문관이나 무관 벼슬 5품 이상인 관리의 자손들에게 과거를 보지 않고도 관리가 될 수 있는 길을 열어 놓았는데, 이를 '음서'라고 해. 또 국가에 큰 공을 세워 공신이 된 사람의 자손들에게도 음서의 혜택을 주었지. 음서는 보통 자격을 갖춘 관리의 자손 1명에게만 혜택을 주었어. 하지만 음서 출신 중에서도 42% 정도는 다시 과거를 보아 합격했다고 해. 옛날에도 음서로 관리가 되는 것보다는 과거를 통해서 자신의 능력을 보여 주고 싶었던 것 같아.

고려 시대에는 무인들을 뽑는 무과가 없는 것이나 마찬가지였어. 최고위급 군사 지휘관도 대체로 문관이 맡았어. 강감찬이나 윤관, 서희 같은 장군들도 모두 문관 출신이었지. 이와 같은 문관과 무관 사이의 차별은 나중에 무신의 난이 일어나는 원인이 된단다.

개성에 있는 고려 시대 국립 대학인 국자감이야. 국자감에서 공부하는 유생들도 과거 시험을 보았어. 지금은 고려 역사 박물관으로 사용되고 있어.

생각 넓히기

1  생각해 보기

다음은 고려의 지방 제도를 나타내는 지도야. 5도와 양계, 12목으로 이루어져 있어. 북계와 동계로 이루어진 양계는 어떤 역할을 하는 곳이었는지, 그리고 양계가 이런 역할을 했던 이유가 무엇인지 생각해 보자.

2 활동해 보기

다음은 고려 시대에 있었던 어떤 제도에 대한 설명이야. 다음 빈칸에 들어갈 말은 무엇인지 써 보자. 또 이런 제도가 생겨난 이유는 무엇인지도 써 보자.

고려에는 과거를 보지 않고도 관직을 얻을 수 있는 제도가 있었다. 문관이나 무관 벼슬 5품 이상인 관리의 자손들, 또는 국가에 큰 공을 세워 공신이 된 사람의 자손들에게 과거를 보지 않고도 관리가 될 수 있는 길을 열어 주었는데, 이를 _____ 라 한다.

4장 거란과의 전쟁

여기는 고려 시대의 안융진이라는 곳이야. 두 사람이 서로 얘기를 하고 있네.
많은 군사들이 있는 것으로 보아 전쟁 중인 것 같은데, 어떤 나라가 고려에 쳐들어온 것일까?
또 두 사람은 무슨 얘기를 하고 있는 걸까?

936	956	958	993
고려가 후삼국을 통일하다.	노비안검법을 시행하다.	과거 제도를 시행하다.	서희가 거란과 담판을 짓다.

동북아시아의 새로운 질서와 거란의 성장

고려가 후삼국을 통일하고 나라의 기틀을 잡아 갈 무렵에, 중국 대륙에서는 여러 나라가 등장하여 전쟁을 거듭했어. 당나라가 멸망한 후 여러 민족이 중국 대륙에 나라를 세우고 서로 싸웠는데, 이를 '5대 10국 시대'라고 불러. 이 틈을 타 만주에서는 거란족이 세력을 키워 나라를 세웠지. 이런 혼란스러운 시대도 960년에 건국한 송나라가 중국을 통일하면서 끝이 났어. 이렇게 해서 한반도의 고려와 중국 대륙의 송나라, 만주 지방의 거란이 동북아시아의 새로운 주인공으로 떠올랐어. 고려는 송나라와는 좋은 관계를 유지했지만, 거란과는 사이가 좋지 않았어. 왜 그랬을까?

고려는 태조 왕건 때부터 고구려를 계승한다고 내세우면서 북진 정책을 추진했어. 서경을 근거지로 해서 청천강 이북으로 영토를 넓히고자 했지. 그러면서 자연스럽게 북방의 거란과 맞서게 된 거야. 또 고려는 발해를 멸망시킨 거란을 믿을 수 없다고 생각했어. 그래서 거란이 고려에 사신

> 내가 흩어져 있던 거란족을 통일하고 거란국을 세웠어!

> 중국에 있는 야율아보기의 동상이야.

과 낙타를 보냈지만, 왕건은 거란의 사신을 섬으로 유배시키고 낙타를 굶겨 죽이기까지 했단다. 거란도 고려의 이런 행동이 못마땅했지만, 송나라 때문에 당장 고려와 싸울 수 있는 형편은 아니었어. 고려는 거란의 움직임을 살피면서, 3대 임금 정종 때 거란의 침입에 대비하여 30만 명이나 되는 광군을 조직하기도 했지.

그러면 여기서 잠깐 거란에 대해 살펴볼까? 거란은 본래 북쪽 초원 지역에 살던 유목 민족이었어. 중국이 혼란스러워진 틈을 타서, 야율아보기라는 지도자가 나타나 흩어져 있던 거란족을 통일하고 916년에 거란국을 세웠어. 얼마 뒤에 나라 이름을 '요'라고 했지만, 나중에 다시 거란이라는 이름을 사용했지. 세력을 키운 거란은 926년에 발해를 멸망시키고, 중국 땅으로 진출하여 지금의 북경이 있는 지역까지 점령하게 되었어. 그 후 중국을 통일한 송나라가 거란이 차지한 북경 지역의 땅을 되찾으려 했고, 거란과 송나라가 서로 대립하게 된 거야. 이런 국제 정세 때문에 거란이 당장 고려와 싸우기 어려웠던 거란다.

거란의 1차 침입

거란은 송나라로 쳐들어가 중국 땅을 차지하고자 했어. 그런데 송과 친밀한 고려가 뒤에서 송을 도울까 봐 걱정스러웠지. 그래서 송나라와 고려의 관계를 끊기 위해 993년에 고려를 침공했는데, 이것이 거란의 1차 침입이야. 거란의 장군 소손녕은 군대를 이끌고 압록강을 넘어 고려를 공격했어. 그러나 고려군이 안융진에서 완강하게 저항하자, 더 이상 진격하지 않고 고려에게 항복할 것을 요구했어. 송나라와의 관계를 끊는 것이 목적이었기 때문에 더 싸우지 않았던 거야. 당시 예상치 못한 거란의 침공에 당황한 고려 조정에서는 자비령 이북의 땅을 넘겨주고 화친하자는 주장이 우세했어. 하지만 서희가 우선 소손녕을 만나 그 의도를 알아보고 난 뒤에 결정하자고 주장하면서, 서희가 거란 진영으로 소손녕을 찾아가게 되었지. 앞(48~49쪽)에서 보았던 것이 서희가 적장인 소손녕과 회담을 하는 모습이야.

소손녕은 신라 땅에서 일어난 고려가 옛 고구려 땅을 차지할 자격이 없으니, 그 땅을 내놓으라고 요구했어. 그러자 서희는 고려는 고구려의 뒤를 이어 나라 이름도 '고려'라 지었고, 과거 고구려의 수도 평양을 제2의 수도인 서경으로 삼았으니, 고려가 진짜 고구려를 계승한 나라라고 내세웠어. 그러면서 과거 고구려 영토는 마땅히 고려의 것이라고 주장했지. 그러자 이번에는 송과의 외교 관계를 당장 끊고 거란과 외교를 맺으라고 요구했어. 서희는 고려와 송의 관계를 끊게 하려는 거란의 의도를 알고 있었어. 그래서 고려도 거란과 외교 관계를 맺고 싶지만 두 나라 사이에 있는 땅을 여진족이 차지하고 있어 교류하기 어려우니, 여진족을 내쫓은 뒤에 성을 쌓고 길을 만들면 외교 관계를 맺을 수 있다고 설득했지. 결국 소손녕은 고려와 화친을 맺고, 압록강까지를 고

강동 6주

려의 땅으로 인정하고 물러났어. 서희는 군대를 이끌고 압록강 남쪽에 성을 쌓아 이곳을 고려의 영토로 만들었는데, 이를 '강동 6주'라고 불러.

사실 강동 6주는 압록강을 건너 서경과 개경으로 통하는 길목이야. 전쟁이 일어나면 꼭 지켜야 하는 중요한 곳이었지. 뿐만 아니라 고려와 거란, 송, 여진의 물품이 거래되는 무역과 교통의 중심지였어. 서희의 담판으로 고려는 이렇게 중요한 땅을 차지하게 되었어. 그렇다면 거란은 손해만 본 걸까? 고려가 송과 관계를 끊고 거란과 외교 관계를 맺게 하는 것이 목적이었기 때문에, 거란도 성과를 거두었다고 볼 수 있어. 서희는 당시 국제 정세를 통해 거란의 의도를 꿰뚫어 보았기 때문에, 담판에서 성공할 수 있었던 거야.

거란의 2차 침입

고려와 송의 관계를 끊도록 만든 거란은 안심하고 송을 공격했어. 10여 년에 걸친 공방전 끝에, 거란은 송을 굴복시켰고 송은 해마다 많은 예물을 보내기로 약속했어. 송을 제압한 거란은 다시 호시탐탐 고려를 노리게 됐

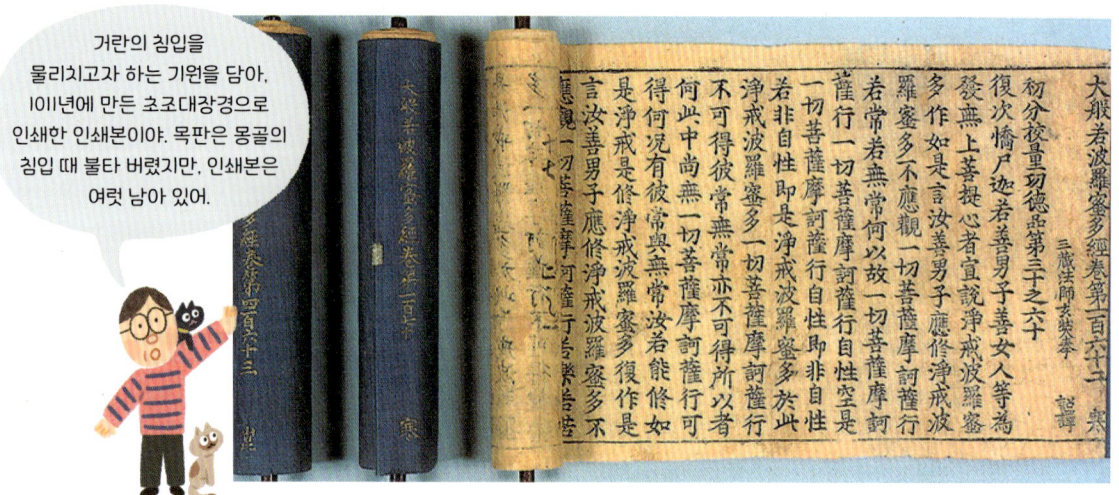

거란의 침입을 물리치고자 하는 기원을 담아, 1011년에 만든 초조대장경으로 인쇄한 인쇄본이야. 목판은 몽골의 침입 때 불타 버렸지만, 인쇄본은 여럿 남아 있어.

어. 사실 고려는 거란과 외교 관계를 맺은 뒤에도 송과의 관계를 끊지 않고 몰래 계속하고 있었어. 거란으로서는 이런 고려의 태도가 의심스러웠고, 1차 침입 때 고려의 땅으로 인정한 강동 6주를 차지하고 싶었지.

당시 고려에서는 강조라는 신하가 반란을 일으켜 정권을 차지했어. 침략의 구실을 찾고 있던 거란의 성종은 고려 왕을 죽인 강조의 죄를 묻겠다며, 1010년에 40만 대군을 거느리고 압록강을 건너 쳐들어왔어. 이것이 거란의 2차 침입이야. 고려군은 몇 차례 승리를 거두었지만, 결국 패배하고 강조는 포로가 되고 말았지. 기세가 오른 거란군은 서경까지 밀고 내려왔어. 하지만 강민첨이 지키는 서경은 끝내 함락되지 않았어. 거란군은 서경을 지나쳐 곧장 개경으로 쳐들어왔어. 국왕 현종은 급히 남으로 피난을 갔고, 텅 빈 개경을 차지한 거란군은 개경을 폐허로 만들었지. 이때 《고려실록》 등 수많은 문화재가 불타 버린 것은 정말 아까운 일이야.

남으로 도망친 현종은 직접 거란으로 찾아가 항복의 예를 갖추겠다고 하면서, 거란 성종에게 항복의 뜻을 전했어. 개경으로 급히 쳐들어오면서 지나쳤던 성들에 있던 고려군의 역습을 걱정하던 성종은, 고려가 화해를 청하자 싸움을 멈추고 군사를 돌이켰지. 하지만 돌아가는 거란군의 앞길이 쉽지는 않았어. 걱정했던 대로 고려의 산성에 있던 군사들이 큰 장애물이 된 거야. 고려군은 곳곳에서 돌아가는 거란군을 괴롭혔어. 40만 명이나 동원한 2차 침입에서, 거란은 개경을 함

이상하네! 개경까지 함락하고 고려의 항복을 받았는데도, 웬일인지 꼭 진 것 같은 기분이 든단 말이야!

아이고! 아이고!

 거란과의 전쟁

락시키기는 했지만 많은 군사를 잃고 말았어.

거란의 3차 침입

거란의 성종은 고려 현종이 직접 거란에 가서 항복의 예를 갖추겠다는 말에 군대를 돌이켰지만, 현종은 몸이 아프다는 핑계로 끝내 거란에 가지 않았어. 이에 화가 난 성종은 다시 고려를 침공할 계획을 세웠어. 특히 2차 침입 당시 강동 6주가 거란군의 진격에 커다란 걸림돌이 된다는 것을 깨닫고는, 강동 6주를 내놓으라고 요구했지. 당연히 고려는 거절했고 다시 전쟁의 기운이 감돌았어.

마침내 1018년 거란의 장군 소배압이 10만 대군을 이끌고 쳐들어왔어. 3차 침입이 시작된 거야. 하지만 고려도 만반의 준비를 갖추고 있었어. 강감찬과 강민첨이 고려군 20만 명을 거느리고 거란군에 맞섰어. 강감찬은 거란군이 흥화진을 지날 때, 강물을 막고 기다리다가 이

귀주에서 거란군에 큰 승리를 거둔 강감찬의 모습과, 귀주 대첩 장면을 그린 민족 기록화야.

한 놈도 놓치지 말고 몰아내라!

를 터뜨려 공격하는 전술을 썼어. 당황한 거란군은 큰 혼란에 빠졌고, 고려군의 공격으로 많은 군사를 잃고 말았지. 하지만 소배압의 거란군은 오직 개경을 목표로 진격했어. 2차 침입 때 고려군이 개경을 비우고 도망쳤던 기억을 떠올렸던 모양이야. 그래서 일단 개경을 함락시켜 승리의 명분이라도 얻으려는 속셈이었을 거야.

하지만 이번에는 달랐어. 수도 개경의 방비가 철통 같았어. 거란군은 기습 공격을 시도했지만 고려군의 반격을 받아서 큰 패배를 당했어. 소배압은 퇴각할 수밖에 없었지. 강감찬은 최후의 공격을 준비하고 있었어. 고려군은 개경에서부터 거란군을 추격했고, 귀주에서도 고려군이 기다리고 있었어. 앞뒤로 고려군의 공격을 받게 된 거란군은, 겨우 수천 명만이 살아서 돌아갈 정도로 큰 패배를 당했어. 이 싸움을 귀주 대첩이라고 해. 화가 난 성종은 다시 고려를 공격하려 했지만, 고려의 군사력을 두려워한 신하들의 반대로 결국 중단하고 말았어.

여러 차례에 걸친 거란의 침입은 결국 실패하고 말았어. 거란은 고려의 국력을 인정하지 않을 수 없었고, 고려도 계속해서 전쟁을 치를 수는 없었지. 전쟁이 끝난 뒤 고려와 거란은 다시 외교 관계를 맺었고, 약 백 년 동안 큰 충돌 없이 평화롭게 지냈어. 1046년에 즉위한 문종은 거란을 견제하기 위해, 송과 다시 외교 관계를 맺었어. 거란은 못마땅했지만 힘으로 고려를 제압할 수도 없고 함부로 내쳤다가는 송과

북한에 남아 있는 천리장성의 모습이야. 고려는 거란과의 전쟁이 끝난 뒤에, 북방 민족의 침입을 막기 위해 천리장성을 쌓았어.

고려가 연합할 수도 있었기 때문에, 고려의 이런 태도를 인정할 수밖에 없었지. 이렇게 하여 고려와 송, 거란 사이에 세력 균형이 이루어지게 되었고, 고려는 동북아시아의 한 축으로 자리 잡게 되었어. 이후 고려는 대장경을 수입하는 등 거란과도 문물 교류를 활발히 했고, 송나라와는 경제적 교역은 물론 많은 문화적 교류를 하면서 전성기를 맞이하게 되었어.

사건탐구 | 고려는 왜 천리장성을 쌓았나요?

고려는 거란과의 전쟁이 끝난 뒤에, 북쪽 국경선을 따라 돌로 성을 쌓았어. 성은 압록강이 서해로 흘러 들어가는 곳에서 시작하여, 지금의 함경남도 영흥의 도련포 바닷가까지 이어졌지. 성의 길이가 천 리쯤 된다고 해서 천리장성이라고 불러.

고려의 천리장성은 중국의 만리장성이 북방 민족의 침입을 막기 위해 만들어진 것처럼, 서북쪽의 거란족과 동북쪽의 여진족의 침입에 대비하기 위해서 쌓은 거야. 1033년부터 1044년까지 10여 년에 걸쳐 쌓았지.

천리장성은 처음부터 새로 쌓은 성이 아니야. 중요한 요새지에 이미 있던 성과 성을 연결하여 만든 장성이야. 지금도 의주를 비롯한 곳곳에는 천리장성의 유적이 남아 있어.

이런 대규모 장성 건설은 북방의 위협에 대비하기 위한 것이었지만, 한편으로는 북진 정책을 후퇴시킨다는 의미도 있어. 천리장성 이북으로 진출할 의지를 접었다는 뜻도 되는 것이거든.

생각 넓히기

 생각해 보기

고려는 거란과의 전쟁이 끝난 후에 국경을 따라 천리장성을 쌓았어. 거란과 여진의 침입에 대비하기 위해 성을 쌓은 거야. 천리장성을 쌓은 것에 대해서는 다음과 같이 두 가지 의견이 있었어. 나라면 어떤 의견에 동의하는지, 또 그 이유는 무엇인지 생각해 보자.

 이제 북방의 위협에 대비하였으니, 앞으로 이 안에서 평화롭게 살 수 있겠군!

 아니오! 우리는 장성 이남에 만족하지 않고, 북진 정책을 추진하여 북쪽의 더 넓은 땅을 차지해야 합니다!

 활동해 보기

다음 가상의 대화를 참고하여 거란이 고려에 쳐들어온 이유가 무엇인지 써 보자. 또 이 담판의 결과로 고려는 어떤 이득을 얻게 되었는지 생각하여 써 보자.

 고려는 우리와 국경을 맞대고 있으면서도 왜 바다 건너 송하고만 교류하는 것이오?

거란

 압록강 부근은 원래 우리 땅인데 여진이 훔쳐 살면서 거란과 고려 사이를 가로막고 있소. 여진을 쫓아내도록 도와군다면 서로 교류할 수 있을 것이오.

고려

📝 거란이 쳐들어온 이유:

📝 고려가 얻은 이득:

5장 고려인의 생활 모습

여기는 고려 시대 전라남도의 어느 바닷가 마을이야.
사람들이 모여서 일을 하고 있네. 저쪽에는 가마도 있는 것 같아.
여기는 어떤 마을이고, 사람들은 무슨 일을 하고 있는 걸까?

997	1065	1107	1135
음서제를 실시하다.	의천이 승려가 되다.	윤관이 동북 9성을 쌓다.	묘청이 난을 일으키다.

고려의 신분 제도

고려의 신분 제도는 양천제를 기본으로 삼았어. 양천제란 사람들을 크게 양인과 천인으로 나누는 신분 제도야. 양인은 자유롭게 활동할 수 있는 사람을 가리키는데, 국가에 세금을 낼 의무가 있었어. 반면에 천인은 자유롭지 못했어. 그래서 국가에 대한 의무도 없었지만, 양인과 같은 권리도 누리지 못했지. 국가나 개인이 소유하고 있는 노비가 대표적이었고, 사회적으로 천하게 취급받는 특정한 일을 하는 양수척도 천인에 속했어.

그런데 양인이라고 해서 다 똑같은 대우를 받았을까? 그렇지 않아. 같은 양인이라도 여러 계층으로 나뉘었어. 계층에 따라 사회적 지위, 권리와 의무에서 상당한 차이가 있었지. 양인 중에서 왕족과 중앙의 문무 관리, 향리, 서리, 군인 등이 지배층이었어. 향리는 지방의 행정을 담당하는 관리를 가리키는 말이고, 서리는 하급 관리를 가리키는 말이야. 농민, 상인, 수공업자들이나 향, 부곡, 소와 같은 특수 행정 구역에 사는 주민들은 지배를 받는 계층으로 생산 활동을 담당했어.

고려의 신분 제도

같은 양인이라도 계층에 따라 어떻게 다른지 살펴볼까? 고위 관리의 자식인 갑이라는 사람과 농사짓는 농민의 자식인 을이 있다고 생각해 봐. 두 사람 다 신분적으로는 국가에 대해 권리와 의무를 갖는 똑같은 양인이야. 하지만 실제로 두 사람이 살아가는 모습은 전혀 달랐어. 갑은 과거나 음서를 통해 관직에 진출하여 국가를 운영하는 데 참여할 수 있었어. 또 경제적으로 많은 토지와 노비를 소유하며 부유하게 살 수 있었지. 을도 양인이기 때문에 과거를 통해 관리가 될 수는 있었지만, 실제로는 농사짓고 먹고살기 바빠서 과거 공부를 하는 것은 거의 불가능했어. 법으로 정한 것과 실제의 생활 사이에는 큰 차이가 있었던 거야.

중앙 관리와 문벌 귀족

고려 초기에는 힘 있는 지방 호족 출신들이 중앙에서도 큰 권력을 차지했어. 이들은 고려가 국가 체제를 정비할 때 정권에 참여하면서 중앙의 고위 관리가 되었어. 지방 호족 중에서 힘이 약해 중앙으로 진출하지 못한 사

람들은 지방의 향리가 되었지. 시간이 흐르면서 중앙의 관리들 사이에도 차이가 생기기 시작했어. 고려 시대에는 관리가 되기 위해 과거에 합격해야 했지만, 과거를 보지 않고도 음서를 통해 관직에 나아갈 수 있다는 건 앞에서 얘기했지? 중앙 고위 관리들의 후손은 과거나 음서를 통해 쉽게 관리가 될 수 있었어. 대를 이어 높은 관직을 독차지하면서 권세를 떨치는 문벌 가문으로 성장했지. 이들을 문벌 귀족이라고 해. 문벌 귀족들은 자기들끼리 혼인 관계를 맺으면서 다른 가문이 쉽게 넘보지 못할 높은 벽을 만들었어. 이러한 문벌 귀족은 고려에서 가장 높은 지위를 누리던 사람들이라고 할 수 있을 거야. 이처럼 문벌 귀족을 비롯한 고려의 지배층은 조상으로부터 물려받은 많은 토지와 노비를 갖고 있어서 대대로 풍요로운 삶을 살 수 있었어.

고려 때에 그려진 <아집도>라는 그림이야. 호화로운 집에서 하인이 들고 있는 그림을 감상하는 문벌 귀족의 모습을 볼 수 있어.

　여기서 한 가지 주의해야 할 말이 있어. 우리는 보통 양반이라고 하면 관리가 될 수 있는 신분층을 가리키는 말로 알고 있어. 하지만 이런 뜻의 양반은 조선 시대에 사용된 말이고, 고려 시대에는 그 뜻이 달랐어. 고려 시대에 양반은 문신을 뜻하는 문반과 무신을 뜻하는 무반을 합쳐서 부르는 말이었어. 고려 시대에는 문반과 무반 사이에도 상당한 차별이 있어서 하나의 신분층으로 양반이란 뜻은 없었던 거야. 그러다가 조선 시대에 들어와 문반과 무반의 차별이 줄어들고 무반도 과거를 통해 뽑게 되면서, 양반이란 말이 관리가 될 수 있는 신분을 뜻하는 말로 바뀌게 된 거란다.

지방의 실력자, 향리

고려가 국가 체제를 정비하면서 지방 호족 중에서 중앙의 관리가 되지 못한 사람은 지방에 남아 향리가 되었어. 이들 향리는 지방의 행정 업무를 맡아 처리했어. 향리는 지방관이 파견된 곳에서는 지방관을 돕는 역할을 했어. 하지만 실제로 지방의 여러 가지 일을 도맡아 처리했기 때문에 향리가 갖는 권한은 만만치 않았지. 더욱이 지방관이 파견되지 않은 속현이나 향, 부곡, 소 같은 경우에는 향리의 권한이 더 클 수밖에 없었어.

향리 신분은 자식에게 물려줄 수 있었고, 향리 업무를 하는 대가로 중앙의 관리처럼 토지를 받았어. 향리가 실제로 지방 행정을 책임지는 위치에

우리 향리들이 비록 지방에 있지만, 실질적으로 주민들을 이끌고 있다고!

있었다는 뜻이야. 그래서 향리는 나름대로 자율성을 갖고 지방 사회를 이끌어 가는 지배층으로 주민들 위에 군림했어. 하지만 향리라고 해서 다 똑같지는 않았어. 향리 중에도 높고 낮은 구분이 있었지. 가장 높은 지위에 있는 상급 향리나 큰 고을의 향리는 과거를 통해 언제든지 중앙의 관리로 진출할 수 있었어. 고려 중기까지는 이들 상급 향리가 중앙의 관리로 나아가는 경우가 잦았단다. 이런 점을 보면 고려 시대 향리는 조선 시대 향리보다 사회적으로나 신분적으로 훨씬 지위가 높았다고 할 수 있어.

생산을 담당한 사람들

고려는 농업 사회였기 때문에 농사짓는 농민들이 많았어. 고려 시대에는 일반 농민을 백정이라고 불렀어. 우리가 알고 있는 백정이란 말의 뜻과는 다르지? 보통 소나 돼지 등의 가축을 잡는 사람을 백정이라고 하는데, 이것

〈미륵하생경변상도〉라는 고려 불화에 나타난 농민들의 모습이야. 곡식을 베고 옮기는 농민들과 농민을 감시하는 지주의 모습(오른쪽 아래)이 대조적이야.

은 조선 시대에 쓰인 말이야. 고려 시대에는 그런 사람을 화척이라 불렀고, 일반 농민은 백정이라고 했어. 이들 백정 농민들은 나라에서 시키는 일을 하는 것이 아니기 때문에 토지도 받지 못했어. 그래서 고려 농민은 조상 대대로 물려받은 땅에 농사를 지으며 살아야 했지. 농민의 토지는 사고팔거나 상속할 수 있는 개인 소유의 땅이었어. 농민 중에는 갖고 있는 농토가 부족하거나 아예 없어서 귀족이나 향리 등 지배층의 토지를 빌려서 농사짓는 사람들도 많았어. 이렇게 농토를 빌려 농사를 지으면 그 대가를 땅 주인인 지주에게 바쳐야 했어. 게다가 국가에 세금도 내야 했기 때문에 농민들에게는 큰 부담이 되었지.

생산을 담당한 사람들 중에는 농민 말고도 수공업자나 상인도 있었어. 이들은 같은 양인이지만 농민보다는 사회적 처지가 낮았어. 왜냐하면 농업이 근본이고 상업이나 수공업은 농업보다 못하다고 생각했기 때문이야. 물론 이들도 양인으로서 국가에 세금을 내야 하는 의무를 지고 있었어.

그런데 같은 양인이지만 향, 부곡, 소라고 하는 특수 행정 구역에 사는 사람들은 더 낮은 대우를 받았어. 향과 부곡은 통일 신라 시대부터 있었지만, 소는 고려 때 처음 만들어졌어. 향과 부곡의 주민들은 나라의 토지를 경작하는 일을 했지. 소는 특정한 물품을 생산하기 위해 만들어졌어. 소에 사는 주민들은 금, 은, 동, 철 같은 광산물이나 직물, 종이, 도자기, 숯, 먹 등 수공업 제품, 소금이나 물고기 같은 것들을 생산했어. 앞(60~61쪽)에서 보았던 것이 도자기를 만드는 도자소의 모습이야. 농사를 지어 세금을 내는 것 외에도 도자기를 만들어 나라에 바쳐야 했지. 향, 부곡, 소에 사는 주민들은 천인은 아니었지만, 사회적 처지가 일반 군현에 사는 주민보다 낮았어. 이렇게 향, 부곡, 소에 사는 주민들을 차별했기 때문에, 일반 군현의 주민이 큰 죄를 지으면 부곡으로 떨어지고 반대로 향, 부곡, 소의 주민이 공을 세우면 일반 군현으로 올라가기도 했어. 향, 부곡, 소는 고려 말기에 점차 사라지다가 조선 시대에 들어와서 완전히 없어졌어.

가장 신분이 낮은 천인

고려 시대에 가장 신분이 낮은 천인의 대부분은 노비였어. 노비는 관청이나 개인이 소유할 수 있으며, 사고팔거나 상속되는 재산으로 여겨졌지. 그래서 누가 소유하느냐에 따라 관청이 소유한 노비는 공노비, 개인이나 사찰이 소유한 노비는 사노비라고 했어. 사노비에는 솔거 노비와 외거 노비가 있었어. 솔거 노비는 주인과 함께 살면서 여러 가지 일을 하는 노비이고, 외거 노비는 주인과 따로 살면서 주인의 농토를 경작하는 노비야.

노비 신분은 세습되었으며 노비의 자식은 어머니 쪽 주인의 소유가 되었어. 노비는 노비끼리 결혼하는 게 원칙이었어. 하지만 때로는 노비가 양인과 결혼하기도 했는데, 이때 부모 가운데 한 사람이라도 노비이면 그 자식은 노비가 된다는 법이 적용되었어. 이처럼 부모 중에 한 사람이라도 노비일 경우 자식을 노비로 삼는 것은 노비의

수가 줄어들지 않게 하려고 만든 제도야. 노비를 소유하고 있는 지배층의 입장을 반영한 것이라고 할 수 있지. 고려 시대의 노비는 비록 천인이었지만 재산을 소유할 수 있고, 그 재산을 자식에게 물려줄 수도 있었어. 또 주인이라고 해도 노비를 함부로 죽일 수는 없었어.

또 다른 천인으로는 양수척을 들 수 있는데, 이들은 사회적으로 천하게 여기는 일에 종사하는 집단이었어. 농사를 짓지 않고 사냥을 하거나 가축 잡는 일을 하는 사람들, 광대 등의 특수한 계층이 여기에 해당되었어. 양수척은 정착하지 않고 떠돌아다녔으며, 나라에 세금을 바치는 의무는 없었지. 하지만 누구의 소유도 아니라는 점에서 노비와는 달랐어.

가족의 모습

일반적으로는 남자와 여자가 결혼해서 한 가족을 이루게 돼. 예전에는 결혼한다는 뜻으로 남자는 '장가간다', 여자는 '시집간다'라는 말을 많이 썼어. 이 말에는 역사적 유래가 있어. '장가간다'는 말은 남편이 부인 집에 가서 산다는 뜻이고, '시집간다'는 말은 부인이 남편 집에 가서 산다는 뜻이야. 별 차이가 없는 것 같지? 하지만 그 내용을 잘 살펴보면 커다란 차이가 있어. 부인이 시집을 가서 남편 가족의 구성원이 되는 형태로 가족을 이루는 방식은 조선 중기 이후에 굳어진 일이야. 그 이전에는 가족을 이루는 방식이 다양했어. 남편이 부인 집으로 장가를 가서 가족을 이루는 경우도 적지 않았지.

고려 시대의 가족은 결혼한 부부와 자녀들로 이루어진 소가족이 기본이었어. 때로는 남편 혹은 부인의 부모나 어린 친척과 같이 살기도 했어. 자녀들이 결혼하면 모두 따로 나가 소가족을 이루었으며, 결혼한 형제자매가 한 집에 사는 대가족은 드물었어. 결혼은 보통 같은 신분끼리 했으며, 결혼하는 나이는 여자는 18세 무렵, 남자는 20세 무렵이었지. 그리고 남편이 부인 집에 가서 사는 풍습이 널리 퍼져 있었어.

고려 시대에는 부모님이 돌아가신 뒤에 재산을 물려받을 때에도 아들, 딸 구분하지 않고 똑같이 나누었어. 이를 '남녀 균분 상속'이라고 해. 주로 노비나 토지가 그 대상이 되었어. 그러니까 고려 시대의 여성은 우리가 흔히 알고 있는 조선 중기 이후의 여성과 처지가 달랐던 거야. 가족을 이룰 때에도 남녀가 대등한 입장이고, 재산의 상속이나 처분에서도 동등한 권리를 갖고 있었지. 여성의 재산은 결혼한 후에도 소유권을 인정받았으며, 재산을 물려줄 자식이 없으면 그 재산은 여성이 죽은 뒤에 친정의 재산이 되었어. 또 남편이 죽은 뒤에도 시집살이를 계속했던 조선 시대와 달리 친정으로 되돌아오는 경우가 많았어. 따라서 여성도 얼마든지 재혼할 수 있었어.

고려 시대의 관리 조반과 그의 부인의 초상화야. 고려 시대에 가족 제도 안에서는 남성과 여성의 지위나 권리가 동등했어.

고려인의 생활 모습

하지만 그렇다고 해서 남성과 여성의 사회적 지위나 권리가 평등했다는 건 아니야. 고려 시대도 남성 중심의 사회였어. 공적으로 사회 활동을 하거나 관리가 되는 것은 남성들뿐이었지. 그렇지만 가족 제도 안에서는 여성의 지위나 권리가 남성과 동등했다는 뜻이야.

사건 탐구: 고려 시대에는 재산을 아들, 딸 구분 없이 똑같이 물려받았나요?

고려 시대에 경상도 지방의 관리로 있던 손변은 소송 사건 하나를 맡게 되었어. 누나와 남동생이, 돌아가신 아버지가 남긴 재산 문제로 다투는 사건이었지.

남매의 아버지는 돌아가시면서, 어린 아들에게는 검은 옷 한 벌, 검은 관 하나, 신발 한 켤레, 종이 한 장만을 주고 모든 재산을 딸에게 물려주었어. 남동생은 같은 자식인데 아무것도 못 받았다고 불평했고, 누나는 아버지의 유언이라며 재산을 나눠 주지 않았지.

이야기를 다 들은 손변은 다음과 같이 판결을 내렸어.

> 자식을 사랑하는 부모의 마음이 어찌 딸에게는 후하고 아들에겐 야박하겠느냐? 남동생이 아직 어리니 누나에게 전 재산을 주어서 동생을 보살피도록 한 것이다. 그리고 동생이 어른이 되면 관청에 나가 소송을 하라고 옷과 관, 신발, 종이를 남긴 것이다.

이 판결을 들은 남매는 아버지의 뜻을 깨닫고 서로 끌어안고 울었다고 해. 손변은 두 사람이 재산을 똑같이 나누어 갖도록 했어. 고려 시대에는 특별한 유언이 없으면 아들, 딸 구분 없이 똑같이 나누어 가졌다고 해.

생각 넓히기

1  생각해 보기

다음은 고려 시대에 생산을 담당했던 사람들에 대한 설명이야. 수공업자나 상인이 농민보다 처지가 낮았던 이유가 무엇인지 생각해 보자.

> 고려에서 생산을 담당하는 사람들 중에는 농사짓는 농민의 수가 가장 많았다. 그 밖에도 물건을 만드는 수공업자와 상업에 종사하는 상인 등이 있었다. 이들은 같은 양인이었지만 농민에 비해서 사회적 처지가 낮았다.

2  활동해 보기

고려 시대의 중앙 고위 관리들 중 일부 집안은 대를 이어 높은 관직을 독차지하면서 문벌 귀족이 되었어. 문벌 귀족들은 자기들끼리 혼인 관계를 맺으면서 다른 가문이 넘보지 못하게 했지. 당시의 농민들은 문벌 귀족을 보며 어떤 생각을 했을지 상상하여 써 보자.

"우리 집안은 대대로 관직과 토지를 물려받았어!"

"우리 결혼도 우리 문벌 귀족끼리만 한다고!"

6장 고려의 문화

여기는 고려 시대의 개경이야. 추운 겨울인데도 큰 행사가 열리고 있어.
화려한 행렬이 지나가고 사람들이 길에 서서 구경을 하고 있네.
무슨 행사인데 저렇게 화려한 걸까?

나라의 큰 행사, 연등회와 팔관회

고려 태조 왕건이 나라를 세우면서 불교를 중요하게 여기고, 그래서 그런 가르침을 〈훈요십조〉에 남겼다고 한 것은 알고 있지? 이에 따라 고려에서는 불교가 큰 영향을 미쳤어. 불교는 왕실과 귀족에서부터 일반 백성에 이르기까지 모든 계층의 사람들이 믿는 종교였어. 불교를 통해 국가의 번영과 개인의 행복을 빌었던 거야. 그래서 각종 불교 행사가 끊이지 않고 열렸는데, 그중에서 가장 성대하게 이루어진 행사가 연등회와 팔관회야.

연등회는 이름 그대로 부처의 공덕을 기리기 위해 등을 달아 밝히는 행사야. 요즘 '부처님 오신 날'인 음력 4월 초파일에 사찰을 비롯해서 곳곳에 등을 달고 기념행사를 하는 것과 같은 거지. 연등회는 불교를 처음 받아들인 삼국 시대부터 있었는데, 고려 시대에는 매년 2월에 열리는 큰 행사로 자리 잡게 되었어. 연등회가 열리는 날에는 대궐 안에 수많은 등을 밝히고, 왕과

고려 시대의 큰 행사였던 연등회는 요즘도 음력 4월 8일, 부처님 오신 날에 열리고 있어.

신하들이 모여 나라의 태평과 왕실의 안녕을 기원했어. 궁궐뿐만이 아니라 개경 시내와 지방 마을 어디에서나 모두 등을 밝히고, 음식을 마련하여 춤을 추고 노래를 부르며 나라의 평안과 개인의 행복을 빌었어.

팔관회는 연등회보다 더욱 성대했어. 팔관회는 매년 11월에 열렸는데, 개경에서는 궁궐과 사찰에서 크게 열렸지. 팔관회는 본래 불교 행사였지만 토속적인 신들에게 지내는 제사의 성격도 갖고 있었어. 팔관회가 열리는 밤에는 궁중에 등을 밝히고 술과 음식을 마련하여 왕과 신하들이 함께 즐기면서, 부처와 온갖 신들에게 나라의 평안함을 기원했어. 팔관회는 가을에 열렸기 때문에 추수 감사제의 성격도 갖고 있었지. 또 팔관회 때 연주하는 음악과 춤은 신라 때부터 이어지는 양식을 따르게 해서, 전통적인 문화를 지키도록 했어. 팔관회는 이처럼 불교만이 아니라 전통 신앙이나 민속도 함께 어우러지는 다양함을 갖추고 있었기 때문에, 종교 행사이면서 동시에 종합 문화제라고 할 수 있어. 앞(74~75쪽)에서 보았던 것이 바로 팔관회 행사의 하나인 가장행렬 모습이야. 가장행렬에 이어 궁중 안에서는 아주 크고 화려한 행사가 열렸어. 팔관회가 열릴 때에는 거란이나 여진, 송나라 같은 외국의 상인 대표들도 참석했다고 해. 고려가 국제 사회에서의 자신감을 바탕으

궁중에서 열렸던 팔관회의 모습이야. 이틀에 걸쳐 진행되는 팔관회에는 외국의 상인들까지 참석했어.

로 외국 대표들도 참석하도록 한 거야.

고려에서는 연등회와 팔관회 이외에도 외적의 침입이 있거나 큰 재난이 생겼을 때, 불교의 힘에 의지하여 이를 극복하려는 행사를 열었어. 불교 행사를 통해 사회를 통합하고 현실의 어려움을 이겨 내려고 했던 거야. 불교 사찰은 사람들이 많이 모이는 곳이기 때문에, 자연스럽게 시장의 역할도 했어. 또 큰 사찰에는 땅이 많았기 때문에, 사람들에게 땅을 빌려주고 농사를 짓게 하기도 했지. 이처럼 고려 시대에 불교는 왕과 귀족은 물론 백성들의 생활과 밀접한 관계를 갖고 있었단다.

대각국사 의천

고려는 불교를 융성시키기 위해 여러 가지 제도를 실시했어. 먼저 훌륭한 승려를 왕사나 국사로 임명했어. 왕사(王師)는 '왕의 스승'이란 뜻이고 국사(國師)는 '나라의 스승'이라는 뜻이야. 이들은 좋은 정치를 펴도록 왕에게 조언하는 역할을 했지. 또 승려들을 대상으로 하는 과거 시험인 승과를 실시해서 합격하면 승려 관직을 내려 주었어. 나라에서 승려의 지위를 보장해 준 셈이야. 나라에서 실시한 이런 제도적 지원은 불교가 번창하는 데 큰 도움이 되었어. 왕실이나 문벌 귀족들은 저마다 사찰을 건립하고, 자식들 중의 한두 명을 승려로 만들고자 했거든.

대표적인 인물로는 대각국사 의천이 있어. 의천은 문종의 넷째 아들로 태어났어. 그는 11살에 절에 들어가 승려가 되었고, 불교를 더 깊이 공부하기 위해 송나라로 건너갔어. 송나라에서 14개월 동안 이름 높은 고승들을 만나 불교를 공부하고, 불교 서적 3천여 권을 수집하여 돌아왔지. 고려로 돌아온

순천 선암사에 있는 대각국사 의천의 영정이야. 의천은 불교의 여러 종파를 통합하려고 노력했어.

뒤에는 왕실의 사찰인 흥왕사의 주지가 되어 여러 가지 불교 진흥 사업을 벌였어. 초조대장경의 부족한 점을 보완하기 위해 여러 나라의 자료를 모아 속장경을 펴냈고, 또 당시 여러 종파로 나뉘어 있던 고려 불교를 통합하려는 노력도 기울였어.

그 당시 고려 불교는 교종과 선종으로 나뉘어 있었어. 교종은 불교 경전을 중요시하여, 경전에 나와 있는 교리 공부를 우선으로 하는 종파야. 통일 신라 시대에 크게 발전했지. 반면에 선종은 불교 경전 공부보다는 수행을 통해 마음으로 깨달음을 얻는 것이 중요하다고 생각하는 종파야. 통일 신라 말기에 유행하기 시작하여 호족들 사이에 널리 받아들여졌어. 고려 시대에도 교종과 선종이 서로 나뉘어 자기들의 방식이 옳다면서 서로 대립하고 있었어. 의천은 송나라에서 천태종이라는 종파를 공부했어. 천태종은 교종과 선종을 동시에 강조했는데, 교종을 중심으로 선종을 아우르고자 했지. 의천은 분열된 상태의 고려 불교를, 송나라에서 들여온 천태종을 통해 통합하고자 했어. 그래서 고려에 천태종을 세우기 위해 노력했고, 이런 노력은 왕실과 귀족들의 지지를 받았어. 그 결과 천태종은 정식 종파로 인정되었고, 의천은 불교 통합 운동을 펼칠 수 있었어.

유교, 나라를 다스리는 정치 이념

고려에서 불교를 중요시했지만 고려에 불교만 있었던 것은 아니야. 유교도 중요한 역할을 했어. 유교는 나라를 다스리는 정치 이념으로 자리 잡았어. 백성들을 위한 정치를 하는 데에는 유교가 더 적합한 사상이라고 생각했지. 그래서 과거 시험에 제술과와 명경과를 두어 유교적 소양을 시험했어. 백성을 다스

리는 관리가 되기 위해서는 유교적 소양을 갖추어야 한다고 생각했던 거야.

특히 성종은 유학자를 널리 등용하여 국가 체제를 정비하고자 했는데, 그 대표적인 인물이 앞에서 얘기했던 최승로야. 최승로는 유교와 불교의 역할이 다르다고 생각했어. 불교는 내세를 위해 수양하는 종교이기 때문에, 현실 정치는 유교를 근본으로 삼아야 한다고 생각했지. 그래서 불교 자체를 부정하지는 않았지만, 불교가 일으키는 폐단에 대해서 비판하는 것을 잊지 않았어. 성종은 최승로의 건의에 따라서 유교를 널리 보급하기 위해 국자감을 설치하는 등 여러 정책을 추진했어. 이때 고려는 비로소 유교를 기본적인 정치 이념으로 운영하는 국가 체제를 갖추게 된 거야.

고려는 유교 이념을 보급하고 국가에 필요한 인재를 길러 내기 위해 교육 기관을 세웠어. 중앙에는 국자감을 비롯하여 동서 학당을 설립하였고, 지방에는 향교를 두었어. 국자감은 최고 교육 기관으로 오늘날로 보자면 국립 대학교라고 할 수 있어. 국자감에서는 3년에서 9년 정도 공부했는데, 3년이 지나면 과거를 볼 수 있었지. 동서 학당은 중등 교육 기관에 해당되었어. 지방에 설치한 향교도 국립 중등학교라고 할 수 있어. 향교는 학생들에게 유학을 가르치고 공자에게 제사 지내는 문묘를 갖추어서, 지방에 유교를 보급

하는 근거지가 되었어.

　국가가 운영하는 교육 기관을 관학이라고 하는데, 고려에서는 학식이 높은 개인이 운영하는 교육 기관인 사학도 발달했어. 높은 관리 출신인 유학자 최충이 처음으로 구재 학당이란 사립 교육 기관을 세워 학생들을 가르쳤지. 최충이 가르치는 학당 출신의 학생들이 좋은 성적을 거두자, 높은 관리 출신이나 유명한 학자들이 앞다투어 학당을 열었어. 이렇게 해서 모두 12개의 학당이 설립되었는데, 이를 '사학 12도'라고 불러. 이에 따라 어느 학당 출신인지를 따지는 학벌이 생겨나는 폐단이 나타나기도 했어.

도교와 풍수지리설

　고려에는 유교와 불교 못지않게 도교와 풍수지리설도 널리 퍼져 있었어. 도교는 민간 신앙과 신선 사상, 또 음양오행설과 별자리 신앙 등이 함께 어우러져 만들어진 사상이야. 도교는 많은 신들을 모시면서 재앙을 물리치고 복을 비는 종교라고 할 수 있지. 많이 들어 보았을 옥황상제나 신선, 일월성신, 성황신, 토지신 등이 다 도교에서 모시는 신들의 이름이야. 도교 역시 고려 왕실의 지원을 받으면서 왕실의 번영과 나라의 태평을 기원하는 역할을 했어.

풍수지리설은 신라 말기에 들어와서 고려 시대에 널리 퍼졌어. 우리나라는 산이 많고 산과 산 사이를 강이 굽이쳐 흐르며 곳곳에 평야가 발달한 지리적 특성을 갖고 있기 때문에, 산과 물, 사람의 조화를 중시하는 풍수지리 사상이 크게 유행할 수 있었지. 풍수지리 사상을 체계화한 사람은 도선이란 승려인데, 그가 왕건이 왕위에 오를 것이라는 예언을 했다는 이야기가 전해지고 있어. 실제 태조 왕건은 나라를 다스릴 때 풍수지리 사상을 중요하게 생각했어.

고려 사람들은 사찰을 짓거나 마을과 집의 터를 선택할 때에도 풍수지리 사상을 참고했어. 심지어 나라의 수도를 옮기는 문제를 논의할 때에도 풍수지리 사상의 영향을 받았을 정도였다고 해. 풍수지리에 의하면 일정 시간이 지나면 땅의 기운이 약해지기도 하고, 또 일정 시간이 지나면 약해진 기운이 다시 되살아나기도 한다고 해. 이 때문에 개경의 기운이 약해졌으니, 땅의 기운이 센 서경(지금의 평양)이나 남경(지금의 서울)으로 수도를 옮겨야 한다는 주장이 나타나기도 했어. 이것이 나중에 묘청의 서경 천도 운동이

일어나는 원인이 되었지. 하지만 나라가 번영하려면 땅의 기운보다는 백성들의 민심이 더 중요하다고 할 수 있을 거야.

사건탐구 — 초조대장경과 속장경은 무엇을 가리키는 건가요?

불교가 발전하기 위해서는 불교 경전을 펴내는 일이 꼭 필요해. 여러 가지 불교 경전을 한데 모아 펴낸 것을 대장경이라고 해. 고려는 초기부터 대장경을 만들려고 했어. 거란이 침입하자 고려는 부처님의 힘을 빌어 거란을 물리친다는 뜻을 담아, 대장경을 만들기 시작했어. 수십 년에 걸친 거대한 사업이었지.

여기에는 송나라 대장경과 거란 대장경도 수입하여 참고했어. 이를 '초조대장경'이라고 부르는데, 처음 만든 대장경이란 뜻이야. 그 수량이 6천 권 정도였다고 하니, 얼마나 큰 규모의 사업인지 알 수 있을 거야. 고려인들의 불심이 깊었기 때문에 가능했던 일이지.

그 뒤 의천이 송나라, 거란, 일본 등지에서 엄청난 양의 불교 서적을 수집하여, 이를 바탕으로 《신편제종교장총록》이라는 목록집을 만들었어. 그리고 이를 모두 간행하였는데, 이를 '속장경'이라고 불러. 속장경은 초조대장경의 부족한 점을 보완하기 위해 만든 거야.

초조대장경과 속장경을 합하면 만 권이 넘는 규모인데, 이는 당시 동북아시아에서 가장 큰 규모라고 할 수 있어. 몽골이 침입하여 대장경을 보관하던 사찰이 불타면서 모두 잿더미가 된 것은 안타까운 일이야. 그래서 다시 만든 것이 바로 팔만대장경이야.

"에휴! 전쟁은 항상 안타까운 일만 만드네요!"

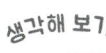

생각 넓히기

1 생각해 보기

다음은 고려 시대에 있었던 불교와 관련한 정책에 대한 설명이야. 다음과 같은 정책을 실시한 이유는 무엇이고, 고려에서 불교는 어떤 역할을 했는지 생각해 보자.

> 고려는 훌륭한 승려를 왕사나 국사로 삼아서, 좋은 정치를 펴도록 왕에게 조언하는 역할을 하도록 했다. 왕사는 '왕의 스승'이란 뜻이고 국사는 '나라의 스승'이라는 뜻이다. 또 승려들을 대상으로 하는 과거 시험인 승과를 실시해서 합격하면 승려 관직을 내려 주었다. 그래서 왕실이나 문벌 귀족들은 각각 사찰을 건립하고, 자식들 중의 한두 명을 승려로 만들고자 하였다.

---

2 활동해 보기

다음 그림을 보고 고려에서 유행한 것이 무엇이었는지 초성을 참고해 알아맞혀 보자. 또 지금도 이것이 중요하게 여겨지는 사례가 있는지 생각하여 써 보자.

ㅍ ㅅ ㅈ ㄹ ㅅ ☐ ☐ ☐ ☐ ☐

7장 고려의 대외 관계

여기는 예성강 하구에 있는 고려의 항구 벽란도야.
그런데 배들이 엄청 많아. 이상한 복장의 사람들도 있네.
왜 이렇게 배와 사람이 많은 걸까? 또 저 사람들은 어느 나라에서 온 걸까?

997 음서제를 실시하다.
1065 의천이 승려가 되다.
1107 윤관이 동북 9성을 쌓다.
1135 묘청이 난을 일으키다.

주변 나라들과의 교류

고려는 주변의 여러 나라들과 외교 관계를 맺었고 경제적인 교역도 활발하게 했어. 당시 고려 주변에 있는 큰 나라는 송과 거란이었어. 송과 거란은 서로 대결하고 있었기 때문에, 고려를 자기편으로 끌어들이려고 했어. 고려는 송과 친밀한 관계를 유지했어. 하지만 거란과는 사이가 좋지 않아 전쟁까지 치렀지. 전쟁이 끝나고 난 뒤에 고려는 거란과 다시 외교 관계를 맺었어. 두 나라 사이에 사신이 오갔으며, 물품의 교역과 문화 교류도 활발하게 이루어졌어. 거란 상인들은 고려에 은과 모피, 말 등을 가져와서 곡식과 문방구, 농기구 등과 바꾸어 갔어.

고려가 가장 활발하게 교류한 나라는 송나라였어. 고려가 송나라와 정식으로 외교 관계를 맺은 것은 광종 때였고, 이후 약 300년 동안 문화도 교류하고 물자도 교역하면서 가장 가까운 관계를 맺었지. 고려는 송나라로부터 발달한 문화를 받아들이고, 송의 물품이나 먼 나라에서 온 물품을 거래하는 데 교류의 목적이 있었어. 반면에 송나라는 고려와 힘을 합쳐 북방의 거란이나 여진을 견제하려는 목적으로 고려와 교류를 했어.

고려 시대에 만들어진 청동 거울이야. 고려 시대에 활동했던 배의 모습이 실감 나게 새겨져 있어.

기록에 따르면 고려는 송에 67차례의 사절단을 파견했고, 송은 고려에 32차례의 사절단을 파견했어. 이처럼 공식적인 외교 사절단이 왕래할 때에는 외교 관계뿐만

아니라 물자 교역도 많이 이루어졌지. 고려가 송에 비해 2배 가까이 많은 사절단을 보낸 이유가 바로 여기에 있어. 문화를 받아들이고 물자를 교역하기 위해 사절단을 여러 차례 파견했던 거야. 이런 형태의 공무역 외에 일반 상인들에 의한 민간 무역도 활발하게 이루어졌어. 고려와 송 사이에 민간 무역은 주로 송나라 상인들이 맡았는데,《고려사》라는 역사책에 의하면 송나라 상인이 1014년부터 1278년까지 260여 년 동안 130여 회에 걸쳐 약 5천 명이 왕래하였다고 해. 이걸 봐도 두 나라 사이의 교역이 얼마나 활발했는지 알 수 있을 거야.

고려에서 송나라로 가는 육지 길은 거란이나 여진에 의해 막혀 있어서, 두 나라 사람들은 바닷길을 이용해서 교류했어. 당시 두 나라를 잇는 바닷길은 2가지가 있었어. 하나는 북선 항로라고 하는데 벽란도에서 출발하여 옹진반도를 거쳐 중국 산동반도의 등주로 이어지는 바닷길이야. 다른 하나는 벽란도에서 남쪽으로 흑산도를 거쳐 중국 강남 지역인 명주로 이어지는 바닷길로 남선 항로라고 했지. 고려 초기에는 북선 항로가 주로 이용되다가, 중기 이후에는 남선 항로가 많이 이용되었어.

고려와 거란의 전쟁이 끝난 뒤

에 거란의 요구에 따라 고려와 송나라 사이의 외교 관계가 중단됐다고 했지? 하지만 그 뒤에도 두 나라 사이의 물자 교역은 여전히 계속되었어. 교역하는 물품은 주로 사치품이나 비싼 물품들이었고, 두 나라의 왕실이나 귀족들이 주요 고객이었지. 고려의 수출품은 인삼, 화문석, 나전칠기, 종이 등이었는데, 특히 종이는 중국인들이 앞다투어 살 만큼 인기가 많았어. 송으로부터는 비단, 서적, 약재 등이 수입되었는데, 서역이나 동남아시아에서 생산된 물품도 포함되어 있었단다.

고려는 거란과 송나라 외에 일본이나 여진과도 교류했어. 일본과는 외교 관계보다는 무역 거래가 더 활발했는데, 일본의 상인들은 수은, 유황 등을 가지고 와서 식량이나 인삼, 서적 등과 바꾸어 갔어. 물론 송이나 거란에 비하면 그리 많지는 않았지. 북방의 여진과도 교역이 잦았는데, 여진 상인들은 은과 모피 등을 가지고 와서 농기구나 식량 등과 바꾸어 갔어.

국제 무역항 벽란도와 국제도시 개경

고려는 가장 교역이 활발했던 송나라에 갈 때 바닷길을 이용했기 때문에 무역항이 필요했어. 그래서 예성강 하구에 있던 벽란도가 무역항으로 발달했지. 벽란도는 수도인 개경에서 가까운 데다가, 수심이 깊어 배가 자유롭게 드나들 수 있어서 일찍부터 항구로 이용되었어. 벽란도의 본래 이름은 예성항이었는데, 언젠가부터 그 부근 언덕에 있는 벽란정의 이름을 따 벽란도로 불리게 됐다고 해. 앞(86~87쪽)에서 보았던 것이 바로 벽란도의 모습이야. 벽란도를 통한 무역이 점점 늘어나면서, 송나라 상인뿐만 아니라 일본, 멀리는 아라비아 상인들까지 드나들게 되었던 거야.

이처럼 벽란도가 고려의 대표적인 국제 무역항으로 유명해지고, 외국 상인들이 드나들면서 고려라는 이름이 널리 알려졌어. 우리나라의 영어 이름이 '코리아(Korea)'라는 건 알고 있지? 코리아라는 이름이 바로 '고려'에서 유래된 거야. 고려 시대에 무역을 하기 위해 벽란도와 개경에 왔던 아라비아 상인들이 고려를 서양에 알리면서, 고려를 알파벳으로 'Korea'라고 표기했어. 이때부터 '코리아'가 우리나라의 영문 이름으로 굳어지게 된 거란다.

벽란도는 개경과 가까워서 외국 사신이나 상인들이 개경으로 들어오는 통로였어. 동서로 난 길을 따라 벽란도에서 동쪽으로 30리(12km) 정도 가면 개경으로 들어가는 선의문이 있어. 벽란도에서 개경을 잇는 30리 길은 늘 오가는 사람들로 북적였다고 해. 선의문은 개경을 둘러싸고 있는 나성의 서

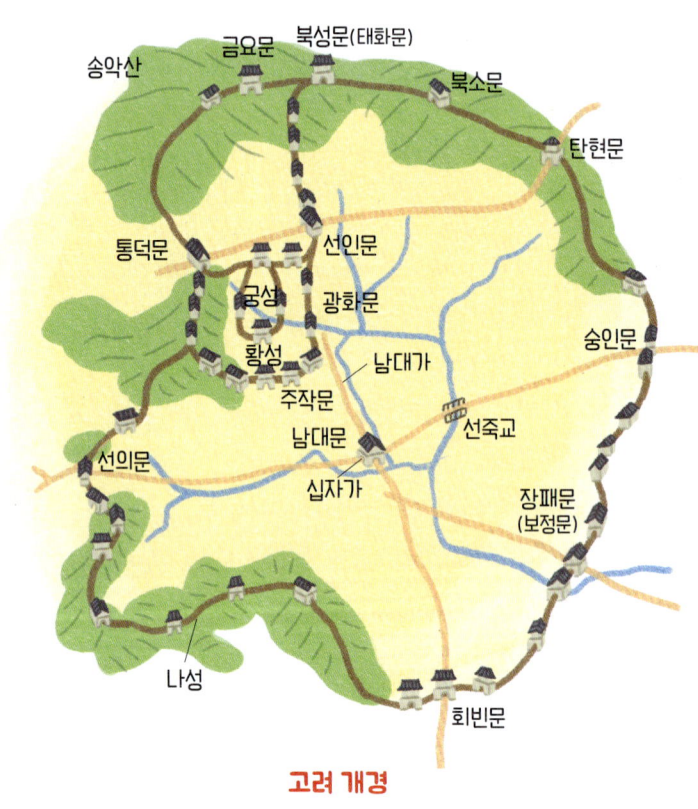

고려 개경

쪽 문이야. 나성은 개경 시가지를 둘러싸고 있는 가장 바깥에 있는 성곽인데, 둘레 길이가 23km나 되었어. 조선 한양 도성 성곽의 둘레가 18km이니 고려 개경 나성이 얼마나 컸는지 짐작할 수 있겠지?

개경에는 왕과 왕실 가족이 머무는 궁궐이 있었어. 이 궁궐은 지금은 남아 있지 않고 그 터만 남아 있는데, 이를 만월대라고 불러. 궁궐은 성곽에 둘러싸여 있는데 이 성곽을 궁성이라고 해. 그리고 궁성 바깥으로 다시 성곽을 둘렀는데, 이를 황성이라고 부르지. 황성 안에는 여러 별궁과 주요한 관청들이 자리 잡고 있었어. 나중에 황성이 좁아서 황성 바깥에 다시 내성을 쌓았는데, 이곳에 관청과 귀족들의 집이 모여 있었어.

개경에서 궁궐 다음으로 규모가 크고 화려한 건물은 불교 사찰이야. 고려 왕과 귀족들은 불교를 숭상했기 때문에 많은 사찰을 짓고 복을 빌었어. 태조 왕건이 개경에 10개의 사찰을 지었고, 그 뒤로 왕들은 물론 귀족들도 너도나도 사찰을 세웠지. 그래서 나성 안 곳곳에 수백 개의 사찰이 있었다고 해. 나성 안에는 귀족이나 관리들의 집은 물론 일반 백성들의 집도 있었고, 물건을 사고파는 시장도 있었어. 국제도시답게 개경의 상점에는 갖가지 화려하고 이채로운 외국 물품이 많았어. 또 기름, 종이, 말, 돼지를 거래하는 시장이 각각 있을 정도로 상업이 발달했지. 외국 상인들도 많이 드나들었기 때문에 외국인 전용 숙소도 있었고, 때로는 외국인을 대상으로 하는 공연도

고려 왕궁이 있었던 궁터 만월대야. 만월대란 이름은 고려가 망한 뒤에 붙여진 이름이야.

열렸다고 해.

　고려의 가장 큰 축제인 팔관회 때에는 전국의 물품이 개경으로 모였고, 외국의 사절단이나 상인들도 많이 참여했어. 팔관회는 매년 개경과 서경에서 한 차례씩 열렸는데, 개경의 팔관회는 11월 보름에 열렸어. 이때 송나라 상인들도 들어오고, 북방의 여진족도 사절단과 상인을 보냈지. 이들은 고려 왕에게 특산물을 바쳤고, 왕은 그들을 후하게 대접하고 물품을 하사했어. 현종 때인 1024년에는 파란 눈의 상인 100여 명이 개경에 나타났어. 개경 사람들 모두 낯선 사람들에게 큰 관심을 보였지. 이들은 아라비아 상인들이었는데, 이듬해에도 찾아와서 수은과 몰약, 점성향 같은 특산물을 바쳤어. 이들은 그동안 송나라 상인으로부터 고려 물품을 구입하다가, 새로 교역로를 개척하려고 직접 고려를 찾아온 거야. 그런데 역사 기록에는 아라비아 상인이 3차례만 고려에 온 것으로 나타나고 더 이상의 흔적은 보이지 않아. 아마 거리가 너무 멀어서 그랬을 거야. 직접 고려까지 오지 않아도 송나라 상인을 통해 중계 무역을 할 수 있었기 때문에, 멀리 있는 고려에 다시 오지 않았던 것 같아.

고려 궁궐 중에서 가장 화려하고 웅장했던 회경전을 컴퓨터로 복원한 모습이야. 회경전은 외국에서 사신이 오거나 팔관회 등 행사 때에 사용했다고 해. 지금은 남아 있지 않아.

당시에는 여러 나라들에서 고려에 대한 관심이 컸어. 고려가 강감찬의 활약으로 강력한 거란의 침공을 물리쳤기 때문이었지. 이처럼 고려의 국제적인 위상이 높아진 결과로, 아라비아 등 서방에 '코리아'의 이름이 널리 알려질 수 있었어. 고려의 상인들이 송나라나 아라비아의 상인들처럼 활발하게 활동하면서 세계로 널리 뻗어 나간 것은 아니야. 하지만 많은 나라들과 교류하면서 개방적이었던 고려는, 다양하고 풍부한 문화를 만들 수 있었단다.

윤관의 여진 정벌

고려는 태조 때부터 북진 정책을 추진했지만 거란에 막혀 강동 6주를 확보하는 데 그쳤어. 그래서 대신 동북쪽으로 진출을 꾀했는데 그곳에는 여진족이 살고 있었어. 만주 일대에 널리 퍼져 살던 여진족은 통일된 국가를 만들지 못하고, 여러 부족으로 나뉘어 있었지. 일부는 거란의 지배를 받았고, 일부는 고려의 지배를 받았어. 여진족 중에서 어떤 부족은 고려를 부모의 나라로 섬기기도 했지만, 어떤 부족은 고려의 변경을 약탈하기도 했어. 고려는 초기부터 국경 지방의 평화를 위하여 가까운 지역의 여진족 추장들에게 장군, 대장군 등 이름뿐인 관직을 주고, 이들 부족을 받아들여 고려 주민으로 삼았어. 문종 때에는 천리장성 밖에 있는 여진족 촌락들이 스스로 고려의 신하라고 하면서, 고려의 지방으로 삼아 달라고 요청하는 일도 많았지. 고려에서는 그런 촌락에 고려의 고을 이름을 붙여 주고, 여진족이 스스로 다스리도록 했어.

그러던 중 지금의 중국 하얼빈 지방에 있던 완안부라는 부족에서 영가라는 뛰어난 지도자가 나타나, 다른 부족을 정복하며 점차 세력을 키웠어. 이에 따라 고려에 속해 있던 여진족들도 고려를 벗어나 완안부 세력 아래 놓이게 되었지. 1104년에 고려군이 완안부 군대와 충돌하였으나 패배하였고, 천리장성 밖 여진족은 모두 완안부 아래로 들어갔어.

　여진 군대에게 패배한 윤관은 패배의 원인이 말을 타고 달리는 여진 기병을 고려의 보병이 막지 못했기 때문이라고 생각하여, 따로 별무반이라는 군대를 만들기로 했어. 별무반은 기마병으로 구성된 신기군, 보병으로 구성된 신보군, 승려로 구성된 항마군으로 편성되었어. 별무반에는 20세 이상의 모든 백성이 의무적으로 소속되었는데, 양반부터 노비까지 여러 신분층이 포함되어 있었지. 별무반은 여진과 대결하기 위해 기병 부대를 키우는 데 중점을 두었어. 준비를 마친 고려는 1107년에 윤관이 17만 대군을 거느리고 여진 정벌에 나섰어. 천리장성을 나선 고려군은 계속 승리하면서 동북쪽으로 진출하여 영토를 넓혔고, 그곳에 9개의 성을 쌓았어. 이를 '동북 9성'이라고 해. 그리고 동북 9성에는 남쪽 지역으로부터 많은 주민을 옮겨 살게 했지. 윤관이 여진을 정벌한 것은 여진족을 제압하기 위한 것도 있었지만, 영

토를 넓히려는 목적도 있었던 거야.

그런데 윤관이 개척한 동북 9성이 어느 지역에 있었는지 지금으로서는 정확히 알 수 없어. 함흥평야 일대로 보는 주장도 있고, 마천령산맥 이남 함경남도 지역으로 보는 주장도 있어. 또 두만강 너머까지 이르렀다고 주장하는 학자도 있지. 역사적 자료가 부족하기 때문에 아직까지도 어느 주장이 옳은지 알 수 없는 거야. 이처럼 자료가 부족한

윤관이 여진족을 정벌하고 '고려의 영토'라고 쓰인 경계비를 세우는 모습이야. 이 그림은 조선 후기에 그려졌어.

이유는 윤관이 개척한 9개의 성이 그리 오래가지 못했기 때문이야. 땅을 빼앗긴 여진족들은 살기 어려워지자 끈질기게 저항하였고, 때로는 고려 정부에 땅을 돌려달라고 애걸하기도 했어. 고려도 9성을 유지하는 데 많은 비용이 들어가서 곤란한 상황이었지. 결국 2년 만에 여진에게 땅을 돌려주고 군사와 백성들은 철수했어. 의욕적으로 동북쪽을 향해 진출했던 기세가 꺾이고 북진 정책도 중단되고 말았던 거야.

그 뒤 완안부 세력은 여진족을 통일하고 세력을 키워 만주 지역 대부분을

차지했어. 그런 뒤에 금나라를 세우고 서쪽으로 거란까지 공격했어. 1125년에 거란을 정복하고 송나라 수도까지 함락시키며 중국 대륙의 주인공으로 등장했지. 힘이 커진 금나라는 고려에게 자기들을 임금의 나라로 모시라고 요구했어. 하지만 고려를 침공하지는 않았어.

쟁점 토론 — 윤관이 세운 동북 9성은 어디에 있었나요?

윤관이 여진을 정벌하고 설치한 동북 9성은 오래 유지하지 못했기 때문에, 이름과 위치 등을 두고 논란이 많아. 기록에 따르면 여진을 정벌하고 쌓은 9성의 이름과 나중에 철거한 9성의 이름 중 일부가 서로 달라서, 이를 합치면 12개나 되거든.

가장 큰 논란은 9성의 위치가 어디인가 하는 점이야. 지금의 함흥평야 일대로 보는 주장이 있는데, 일제 강점기 때에 일본인 학자들이 주장한 거야. 그런데 이 정도 위치를 고려가 관리하기 힘들어 포기했다고 볼 수는 없기 때문에, 지금은 거의 받아들이지 않고 있어.

조선 시대부터 지금까지 팽팽하게 맞서고 있는 두 가지 입장은 두만강 유역설과 길주 이남설이야. 두만강 유역설은 두만강을 넘어 북쪽으로 700리 땅까지 이르렀다는 주장이고, 길주 이남설은 함경남북도를 나누는 길주까지 9성이 있었다는 주장이야.

생각 넓히기

1. 생각해 보기

다음은 고려와 주변 나라들 사이의 무역 관계를 보여 주는 지도야. 지도를 보고 알 수 있는 고려 대외 무역 관계의 특징을 한 가지만 써 보자.

2. 활동해 보기

다음은 윤관이 여진을 정벌하고 정복한 땅에 고려의 영토라고 쓰인 경계비를 세우는 모습을 표현한 그림이야. 만일 내가 역사의 현장에 나가 뉴스 방송을 한다면, 어떻게 그 내용을 전달할지 직접 기사 대본을 써 보자.

내가 쓴 기사 대본

8장 문벌 귀족 사회의 동요

여기는 고려 시대의 대동강 변이야. 임금과 신하들이 대동강을 건너려 하고 있어.
그런데 갑자기 강물이 빛나면서 용의 모습이 나타나는 것 같아.
도대체 무슨 일이 일어난 걸까? 왜 강물이 빛나는 걸까?

이자겸의 난

고려는 문벌 귀족의 나라였어. 특정 집안에서 대대로 높은 관리가 나와 나라의 정치를 좌지우지했어. 이런 집안을 '문벌 귀족'이라고 하는데, 그 당시 문벌 귀족 중에서 가장 세력이 큰 집안은 인주 이씨 가문이었어. 이들은 권력을 유지하기 위해 왕실과 계속 혼인 관계를 맺었어. 특히 이자연이라는 사람은 자신의 딸 셋을 11대 왕인 문종과 결혼시켰지. 그 후 17대 인종에 이르기까지 80여 년 동안 왕이 7번 바뀌었는데, 20명의 왕비 가운데 12명이 인주 이씨 출신이었어. 이자연의 손자 이자겸은 자기 딸을 예종과 결혼시켰어. 그리고 외손자 인종이 왕이 되자 다시 다른 딸 둘을 그와 혼인시켰지. 그러니까 인종은 이모들하고 결혼한 셈이야. 2대에 걸쳐 왕의 장인이 된 이자겸은 여진과의 전쟁에서 공을 세운 무신 척준경과도 손을 잡아 힘이 더욱 커졌어.

문벌 귀족 사회의 동요

막강한 권력을 가진 이자겸은 관직을 파는 등 온갖 부정을 저지르며 재산을 모았어. 그의 집 창고에는 뇌물로 받은 고기가 너무 많아서, 수만 근이 그냥 썩어 버렸다고 해. 이같이 권세가 하늘을 찌를 듯하고 재산이 많았던 이자겸의 힘은 왕보다 더 컸어. 송나라에 직접 토산물을 바치면서 자기가 나랏일을 전부 처리한다고 내세우기도 했지. 또 다른 신하들의 반대에도 불구하고, 새로 강성해진 금나라와 싸우지 말고 사대 관계를 맺어야 한다고 주장했어. 나라 내외의 일을 도맡아 했던 이자겸은 고려의 왕이라는 이름만 가지지 않았을 뿐이지, 실제로는 왕과 다름없는 힘을 가지고 있었던 거야.

이자겸과 인주 이씨 세력이 너무 강해지자, 다른 문벌 귀족들의 불만이 커졌고 인종도 그를 꺼리게 됐어. 인종을 따르는 귀족들은 군사를 모아 이자겸을 없애려 했지. 그러나 이를 눈치챈 이자겸은 척준경과 함께 궁궐에 불을 지르고 이들을 공격해 모두 몰아냈어. 이 싸움의 와중에 생명의 위협을 느낀 인종은 이자겸에게 왕위를 넘겨주겠다는 글을 쓰기도 했어. 반대 세력을 모두 없앤 이자겸은 인종을 독살하겠다는 계획을 꾸몄어. 그러나 인종의 부인이 이를 막아 실패로 돌아갔지. 인종의 부인은 이자겸의 딸이었지만 자기 남편을 죽이려는 계획에는 따를 수 없었던 거야.

이자겸이 왕이 되겠다는 꿈을 가진 것은 예언 사상의 유행과 관련이 있어. 그 당시 고려에는 '십팔자가 왕이 된다〔십팔자위왕(十八子爲王)〕'는 소문이 퍼져 있었어. 그런데 십팔자(十八子)라는 글자를 하나로 모으면 이(李)라는 글자가 돼. 그러니까 이 소문은 '이씨가 왕이 된다'는 이야기가 되는 것이고, 이자겸은 소문에 나오는 이씨가 본인이라고 생각했던 거지.

이자겸에게 왕위뿐만 아니라 생명까지 위협받게 된 인종은 다른 세력과 손을 잡고 이자겸을 없앨 궁리를 했어. 이들은 먼저 척준경과 이자겸의 사

이를 떼어 놓기로 했어. 문벌 귀족 가문 출신이 아니라 무신이었던 척준경은 이자겸과 가까웠지만, 이해관계를 둘러싼 다툼이 생기면서 그를 미워하게 되었어. 이때 인종 편에 선 신하들이 같은 편이 되어 새롭게 출발하자고 계속 설득하자, 이자겸에게 등을 돌리고 그를 몰아내는 데 앞장섰지. 결국 이자겸은 권력을 잃고 전라도 영광으로 귀양을 가게 되었고 거기서 숨을 거두었어. 이렇게 해서 80여 년간 계속되어 온 인주 이씨 집안의 권세도 몰락하고 말았어.

　이자겸을 몰아낸 뒤에는 척준경이 권력을 잡았지만 그도 얼마 가지 못했어. 정지상을 비롯한 서경(평양) 출신 관리들은 척준경 역시 이자겸과 같은 죄를 지었으니 높은 자리에 있을 자격이 없다고 비판했어. 결국 척준경도 귀양을 가서 얼마 후 죽고 말았지. 이자겸이 권력을 지키기 위해 궁궐에 불을 지르고, 인종을 독살하고 왕이 되려다가 쫓겨난 일들을 묶어서 '이자겸의 난'이라고 해. 많은 사람이 죽은 이 사건 이후 정치는 혼란스러워지고 귀족들 사이의 갈등도 아주 커졌어.

서경 천도 운동

이자겸과 척준경이 쫓겨난 뒤에 고려는 겉으로 안정된 것처럼 보였지만 지배층 내부의 갈등은 여전했어. 김부식 등 개경을 중심으로 한 전통적인 세력과 이자겸과 척준경을 몰아내는 데 공을 세운 서경 출신의 새로운 세력 사이에 다툼이 자주 일어났지. 이들은 서경 천도 문제와 여진족이 세운 금나라와의 관계 등을 놓고 사사건건 다투었어. 서경 출신 인물들 중 정지상을 비롯한 관료들과 승려 묘청은 적극적인 대외 정책을 펴야 한다고 주장했어. 묘청은 서경 출신 관료들의 추천으로 왕실의 고문으로 있던 사람이야. 이들은 고려의 왕은 왕이 아니라 황제라 불러야 하며, 독자적인 연호를 써서 나라의 자존심을 높여야 한다고 했어. 송나라나 금나라에 못지않은 국제적인 위상을 가져야 한다는 거지.

또 풍수지리설에 따라 당시 개경의 기운이 쇠퇴하고 서경의 기운이 융성하고 있으니, 서경으로 수도를 옮기면 천하를 호령할 수 있을 것이라고 주장했어. 그러면 금나라도 복종할 것이라고 했지. 고려 시대에는 불교나 유교 못지않게 풍수지리설이 중시되었기 때문에 많은 사람들이 이에 공감했어. 특히 금나라와 사대 관계를 맺은 것에 불만이 많았던 사람들이 수도를 옮겨야 한다고 생각했어. 그들은 고려라는 나라 이름이 고구려를 계승한다는 의미가 있는 것이므로, 고구려의 수도였던 평양으로 도읍을 옮기고 적극

인종 때 서경에 세워진 대화궁의 궁궐터야. 대화궁은 몽골 침입 당시 불타 버리고 터만 남아 있어.

적인 북진 정책을 펴야 한다고 주장했지. 이처럼 고구려의 옛 영토를 회복해야 한다는 생각을 가진 사람들이 서경 천도에 동조했던 거야.

이자겸의 난 등으로 문벌 귀족들의 다툼에 휘말려 고생했던 인종도 서경 천도 주장에 귀를 기울였어. 그래서 인종은 묘청과 함께 서경에 행차하기도 했어. 그런데 인종이 묘청과 함께 서경에 가려고 대동강 변에 이르렀을 때, 갑자기 대동강 물이 찬란하게 빛나는 거야. 그리고 강물 위로는 마치 용처럼 생긴 모습이 어른거렸어. 이에 놀란 인종이 어찌된 일이냐고 묻자, 묘청은 왕의 행차에 맞추어 대동강의 용이 침을 뱉는 것이라고 했어. 그러면서 아주 상서로운 징조라고 했지. 앞(100~101쪽)에서 보았던 것이 바로 대동강의 물이 찬란하게 빛나는 모습이야. 하지만 이건 묘청이 꾸민 일이었어. 묘청이 왕의 행차에 맞춰 대동강 물속에 기름을 많이 넣은 큰 떡을 여러 덩이 가라앉혀 놓았기 때문에, 기름이 떠오르면서 햇빛에 반사되어 빛이 났던 거야. 이런 사실을 모르는 인종은 서경에 대화궁이라는 궁궐을 짓는 등 구체적인 천도 계획을 세웠어. 서경 천도 운동은 곧 성공할 것처럼 보였지.

묘청의 난

서경으로 수도를 옮겨야 한다는 목소리가 높아지면서 이에 반대하는 주장도 강하게 제기되었어. 특히 김부식 등 개경을 중심으로 하는 문벌 귀족들이 강하게 반대했어. 이들은 서경으로 수도를 옮겨 금나라와 대결하는 것은 무모한 일이라고 비판했고, 또 서경의 기운도 좋다고 볼 수 없다며 반대했지. 서경으로 수도를 옮기면 개경을 중심으로 한 자기들의 세력이 약해질 것을 걱정해서 반대했던 거야. 그런데다가 대동강에서 나타난 신기한 현

상도 사실은 묘청이 꾸민 일이라는 것이 드러나면서, 인종의 마음도 바뀌었어. 결국 서경으로 천도한다는 계획은 흐지부지되고 말았어.

서경 천도 운동이 실패하자 묘청은 서경을 중심으로 반란을 일으켜 스스로 나라를 세우고, 나라 이름을 대위, 연호를 천개라고 했어. 이를 '묘청의 난'이라고 불러. 고려 조정에서는 김부식을 대장으로 임명하여 토벌군을 이끌고 진압하게 했어. 김부식은 정지상 등 개경에 있던 서경 출신 관리들을 먼저 죽인 다음에 서경을 포위했어. 서경 일대의 많은 주민들이 묘청의 편을 들어 격렬하게 저항했기 때문에 서경은 오랫동안 진압되지 않았어. 하지만 싸움이 길어지면서 서경 내부에서 분열이 일어나, 묘청의 부하들이 묘청을 죽이고 항복을 요청했지. 서경 세력을 완전히 없애고 싶었던 김부식은 이를 받아들이지 않았어. 이에 서경의 반란군은 끝까지 저항했고 1년이 넘어서야 겨우 진압이 되었어.

이렇게 해서 묘청을 중심으로 한 서경 천도 운동은 성과 없이 끝나고 말았어. 난을 진압한 김부식 등 개경 세력은 더욱 힘이 커졌고, 이들은 예전처럼 개경을 중심으로 나라를 운영하려고 했지. 이 때문에 금나라와의 사대 관계는 계속 유지되었고, 북진 정책은 완전히 포기하게 되었어. 하지만 이자겸의 난과 서경 천도 운동으로 오랫동안 권력 다툼을 벌인 문벌 귀족들의 힘은 약해질 수밖에 없었어.

천 년에 한 번 일어날 만한 큰 사건

혹시 신채호라는 분의 이름을 들어 본 적 있니? 신채호는 20세기 초의 역사학자인데, 묘청의 난을 우리 역사상 '일천 년래 일대 사건'이라고 했어. 이건 우리나라 역사에서 '천 년에 한 번 일어날 만한 큰 사건'이라는 뜻이야. 신채호는 무슨 뜻에서 그런 말을 한 걸까?

묘청이 금에 대해 강경책을 주장하면서 반란을 일으켰을 때의 국제 정세를 보면, 금은 강대국으로 성장해서 거란족을 멸망시키고 송나라까지 위협하는 상황이었어. 고려보다 문화 수준이 낮고 정치적으로 분열되어 있어, 윤관에게 쫓겨 다니던 과거의 여진족이 아니었던 거지. 금나라는 칭기즈칸의 몽골 제국이 등장하기 전까지 동북아시아의 강대국이었어.

개경이나 남쪽에 터전이 있던 중앙의 문벌 귀족들은 이렇게 힘이 세진 금나라와 싸워서는 안 된다고 생각했어. 이에 비해 묘청과 서경 출신의 관리들은 고려도 금나라 못지않게 강한 나라이니, 위협에 굴복하지 말고 당당하게 맞서야 한다고 주장했지. 상대편이 강하다고 미리 굴복해서는 안 된다고 생각했어. 이들은 고려가 고구려를 계승한 나라이기 때문에 이름도 고려라고 했는데, 고구려의 옛 땅을 회복할 생각은 하지 않고 강한 나라에게 머리

묘청의 난을 '천 년에 한 번 일어날 만한 큰 사건'이라 주장했던 신채호의 모습이야.

숙여서는 안 된다고 생각했던 거야.

묘청의 난이 진압된 후 우리나라에서 북방으로 진출하려는 시도는 없었어. 고려는 금나라와 사대 관계를 유지했어. 몽골의 침입을 받았을 때에도 오래 싸우기는 했지만, 결국 항복한 후에 사대 관계를 맺었지. 또 명나라가 고려에 무리한 요구를 했을 때에도, 요동 정벌군을 편성했으나 쳐들어가지는 않았어. 조선은 4군과 6진을 개척하면서 압록강과 두만강을 국경으로 확보했지만, 중국 동북 지역까지 차지했던 고구려의 영토를 회복하려는 생각은 하지 않았어.

이 때문에 신채호는 묘청의 난이 실패한 뒤로는 북방 지역으로 뻗어나가려는 의지 자체가 사라지고 말았다는 의미에서, 묘청의 난을 '일천 년래 일대 사건'이라고 평가한 거야. 신채호는 일본의 침략으로 나라가 위태롭게 되었을 때, 과거에 대륙의 큰 나라들과도 맞서 굽히지 않았던 우리나라가 허약하게 무너지는 것을 보면서, 묘청의 서경 천도 운동 실패를 더욱 안타깝게 생각했던 거란다.

생각 넓히기

1. 생각해 보기

다음은 고려 시대의 어느 문벌 귀족에 대한 설명이야. 이런 상황에서 왕권은 어떠했을지 생각해 보자. 또 당시에 문벌 귀족은 어떤 지위를 누렸을지도 생각해 보자.

고려 시대에 대대로 높은 벼슬을 하며 정치를 좌지우지했던 특정 집안을 문벌 귀족이라고 한다. 그 당시 문벌 귀족 중에서 가장 세력이 큰 집안은 인주 이씨 가문이었다. 이들은 자신들의 권력을 유지하기 위해 왕실과 계속 혼인 관계를 맺었다. 이자연이라는 사람은 자신의 딸 셋을 11대 왕인 문종과 결혼시켰다. 그 후 17대 인종에 이르기까지 80여 년 동안 왕이 7번 바뀌었는데, 20명의 왕비 가운데 12명이 인주 이씨 출신이었다.

2. 활동해 보기

고려 인종 때 중국에서 강성해진 금나라에 대해, 고려 조정에서는 다음과 같은 두 가지 입장이 대립했어. 두 입장 중 내가 지지하는 입장을 선택하고, 이를 뒷받침하는 글을 써 보자.

고려는 고구려를 계승한 나라이니, 당당하게 맞서 싸워 고구려의 옛 땅을 되찾아야 합니다!

이미 힘이 강해진 금나라와 싸워서는 안 됩니다!

내가 지지하는 입장

뒷받침하는 글

9장 무신 시대

여기는 고려 시대의 보현원이라는 곳이야. 의종 임금이 신하들과 함께 자주 놀러 왔던 곳이지.
그런데 칼과 창으로 무장한 무신과 군사들이 문신들을 닥치는 대로 해치고 있어.
도대체 무슨 일이 일어난 걸까?

무신 시대의 시작

 고려 시대에 조정의 신하들 중에서 정치와 행정 업무에 종사하는 관리들은 문신, 중앙이나 지방의 군사들을 지휘하여 나라를 지키는 일을 맡은 사람들은 무신이라고 했어. 문신들은 과거 시험이나 음서를 통해 관리가 되었는데 문벌 귀족 출신들이 많았지. 무신들은 대대로 무인 집안 출신들이 많았지만, 힘이 세거나 무예가 뛰어나 지방의 수령이나 군사 지휘관에 의해 뽑힌 사람들도 있었어. 겉보기에는 문신과 무신이 함께 나라를 이끌어 가는 것처럼 보였지만, 실제로 무신은 문신에 비해 여러 가지로 차별 대우를 받았어.

 우선 고려의 관직 체계에서 무신들은 정3품 상장군까지만 승진할 수 있었어. 아주 특별한 경우를 제외하고는 그보다 더 높은 자리는 문신들만 오

공민왕의 무덤인 현릉에 서 있는 조각상이야. 문신 조각상은 위에 있고 무신 조각상은 아래에 있어. 문신에 비해 무신이 차별받았다는 것을 상징적으로 보여 주고 있어.

치사해요!

를 수 있었지. 중앙이나 지방의 군대를 통솔하는 최고 지휘권도 문신들이 가지고 있었어. 외세의 침입에 맞서 싸우거나 원정군을 편성할 때, 반란을 진압할 때에도 군대의 최고 사령관은 문신이 맡았어. 거란의 침입을 물리친 강감찬, 여진족을 정벌한 윤관, 묘청의 난을 진압한 김부식 등도 모두 문신이었어.

고려에서 무신의 지위가 처음부터 낮았던 것은 아니야. 거란이나 여진과 대립하고 있을 때에는 노골적인 차별이 적었어. 하지만 전쟁이 끝나고 나라가 안정되면서 상황이 달라졌어. 거란과의 전쟁은 끝났고, 여진족 정벌도 9성을 돌려주는 것으로 마무리되었어. 이어서 금나라가 고려를 위협했지만, 이에 맞서지 않고 사대 관계를 맺으면서 대외 관계가 안정되었지. 이렇게 안정된 상황에다가 문신인 문벌 귀족의 힘이 커지면서, 무신들의 지위가 더 낮아졌던 거야. 이에 따라 무신들의 불만이 커졌어.

지위가 높은 무신들만 불만을 품었던 것은 아니야. 일반 병사들은 군인전을 받아 생활했는데, 문신들의 녹봉을 주기 위해 군인전을 제대로 주지 않아 살기가 힘들어졌어. 이들은 전쟁이 일어나면 직접 싸우기도 했지만, 전쟁이 없을 때에는 각종 공사에 동원되어 고된 노동을 해야만 했어. 그런데도 대우가 나빠지니 불만을 가지지 않을 수 없었던 거지.

대외 관계가 안정되고 평화가 계속되자 국왕인 의종은 사치스러운 생활을 즐겼어. 주로 높은 직급의 문신들과 함께 어울리면서 잔치를 벌이는 일이 많았어. 그런데 이런 잔치를 벌일 때마다 무신들은 왕이나 문신들과 함께 즐길 수 없었어. 왕이나 문신들은 직급이 낮고 학문과 교양이 부족하다고 깔보면서 무신들을 끼워 주지 않았어. 오히려 주변을 지키도록 하거나 가끔 무예 시범을 보이도록 강요했지.

1170년 8월에 의종이 보현원이라는 곳에 행차하여 잔치를 벌이는 날이었어. 왕과 문신들은 무신들에게 수박희라는 경기를 시켰어. 수박희는 맨손으로 무예 실력을 겨루는 일종의 무예 시범이야. 그런데 나이든 정3품 장군 이소응이 젊은 무신과 겨루다가 힘이 들어 그만두었어. 그러자 젊은 문신 한뢰가 이소응의 뺨을 때리면서 모욕을 주었어. 이에 격분한 무신들과 일반 병사들이 일제히 들고일어났지. 사실 정중부와 이의방, 이고 등의 무신들은 이날 반란을 일으키기로 미리 계획을 세우고 있었어. 문신들의 횡포를 더 이상 견딜 수 없으니 문신들을 없애고 권력을 잡자고 약속했던 거야. 앞(112~113쪽)에서 보았던 것이 보현원에서 무신들이 들고일어나 난을 일으키는 모습이야. 정중부 등은 그 자리에 있던 문신들을 모조리 죽이고 개경으로 와서 궁궐을 장악한 후에, "문신의 관을 쓴 자는 모두 죽여라."고 외치면서 다른 문신들도 제거했어. 이들은 고위 관직을 차지하여 권력을 잡은 뒤에, 의종을 왕위에서 끌어내려 유배시키고 의종의 동생인 명종을 임금으로 삼았어. 의종 때 더욱 심해진 무신들에 대한 차별이 결국 반란을 불러일으킨 거지. 이제 고려에서 왕은 허수아비나 마찬가지였고, 무신들이 권력을 차지한 무신 시대가 시작되었어.

무신들 사이의 권력 다툼

무신들이 정권을 장악하자 이에 대항하여 문신인 김보당, 조위총 등이 군사를 일으켰으나 모두 실패로 돌아갔어. 또 문벌 귀족의 지원을 받던 귀법사, 중광사 등 절의 승려들도 무력으로 저항했지만 역시 진압되고 말았지. 정중부 등 권력을 잡은 무신들은 이 저항과 관련이 있다는 이유로 남은 문신들을 더 많이 죽였고, 여러 절을 부숴 버리는 등 강하게 탄압했어. 문벌 귀족들은 완전히 세력을 잃게 되었고, 그동안 왕실이나 문벌 귀족의 적극적인 지원을 받았던 불교의 힘도 많이 약해졌어.

처음에 무신들은 상장군과 대장군이 군사 관련 회의를 하던 중방이란 기관에 모여서 나랏일을 의논하고 결정했어. 일종의 집단 통치 체제라고 할 수 있었지. 그런데 곧이어 자기들끼리 치열한 권력 다툼을 벌였어. 처음부터 난을 주도했던 이의방이 이고를 죽이고, 정중부와 함께 나라를 이끌다가 정중부에게 죽임을 당했어. 정중부도 집권한 지 5년 만에 경대승에게 살해되었어.

정중부를 죽인 경대승은 26세의 젊은 장군이었는데, 정중부를 죽이고 권력을 잡는 과정에서 많은 무신들과 사이가 나빠졌어. 그래서 경대승은 자신의 안전을 위해 도방이라는 기구를 설치하고, 여기에 많은 사병들을 두어 자기를 지키게 했어. 사병이란 개인적으로 거느리는 군사를 가리키는 말이야. 자기도 언제 다른 사람 손에 죽을지 몰라 불안해하며, 사병들을 시켜 엄중히 경호하게 하고 밤마다 자는 곳도 바꾸었지. 하지만 불안에 떨며 살던 경대승은 병이 나서 오래 살지 못하고 금방 죽고 말았어.

경대승이 죽은 뒤에 권력을 차지한 무신은 이의민이야. 그는 노비의 아들

로 태어났는데 힘이 세다는 이유로 군에 뽑혀서 하급 장교로 있던 인물이야. 무신들이 난을 일으키자 적극 가담했고, 김보당과 조위총의 반란을 진압하는 데 큰 공을 세워 장군이 되었어. 이의민은 처음에는 자기에게 적대적인 사람들도 정권에 참여시키는 등 나름대로 온건한 정책을 펴려 했다고 해. 그러나 10여 년간 집권하면서 자신의 권력을 믿고 횡포를 부리다가, 결국 또 다른 무신인 최충헌에게 죽임을 당하고 말았어.

최씨 정권의 지배

이의민을 없애고 권력을 장악한 최충헌은 도방을 통해 수천 명의 사병을 거느렸어. 자신의 안전을 위해 사병의 수를 대폭 늘린 거야. 최충헌은 문신들을 탄압하던 정책을 바꾸어서, 살아남은 문신들과 지방 출신으로 과거에 합격한 젊은 관료들을 우대하여 정권에 참여시켰어. 나라를 운영하기 위해 행정 능력을 갖춘 문반 관료들이 필요했기 때문이야. 또 관리의 임명이나 정부 재정을 관할하기 위해, 교정도감이라는 기구를 두고 스스로 우두머리인 교정별감이 되었지. 개인의 힘이나 몇몇 장군들의 의견을 모아 이끌던 정권을 보다 체계적으로 운영하도록 만든 거야. 교정도감은 후에 나라의 최고 권력 기관이 되었어.

막강하고 체계적인 권력을 가지게 된 최충헌은 명종을 쫓아내고 그 동생인 신종을 왕으로 세웠어. 그리고 신종의 아들 희종이 자기 말을 듣지 않자, 그 역시 쫓아내고 명종의 아들인 강종을 왕으로 삼았지. 왕도 자기 마음대로 바꿀 수 있을 정도로 막강한 힘을 가지고 있었던 거야. 당시 기록을 보면 국왕은 허수아비에 불과했고 최충헌이 모든 권한을 행사했다고 해.

최충헌이 죽은 후에는 그의 아들 최우가 권력을 이어받았어. 최우는 도방을 확대하고 특수 부대인 삼별초를 설치해 군사력을 더 키웠어. 또 교정도감 외에 관리들의 인사 문제를 다루는 관청을 따로 설치했어. 이를 정방이라고 해. 이제 최우는 아버지 최충헌보다 더 강한 권력을 가지게 되었지. 그는 몽골군이 쳐들어오자 강화도로 천도하여 싸움을 계속했고, 전쟁 중에 그의 힘은 더 커졌어. 최우의 권력은 그의 아들 최항, 최항의 아들 최의에게 계속 이어졌어.

최씨 정권은 4대에 걸쳐 62년간 고려를 실질적으로 지배했어. 몽골이 여러 차례 쳐들어와도 강화도에서 조정을 이끌면서 항복하지 않았지. 그러나 몽골과 오랜 싸움에 지친 국왕과 다른 신하들이 최씨 정권에 반발하였고, 김준이 아직 나이가 어렸던 최의를 제거하면서 최씨 정권은 끝이 났

어. 이어 1270년 무신 정권이 완전히 무너지고 난 뒤에 조정이 강화도에서 개경으로 돌아왔고, 국왕과 문신 중심의 정치가 다시 시작되었어.

　무신들이 권력을 장악하고 있던 100년 사이에 기존의 문벌 귀족 체제는 완전히 무너져 버렸어. 정치적, 사회적으로 혼란스럽고 질서가 없는 시기였지. 힘이 있는 사람이나 주변에 사람들을 모을 수 있는 능력을 가진 사람이 출세할 수 있었어. 이것은 가문과 혈통을 중시하던 문벌 귀족 사회와는 다른 모습이었어. 그러나 문신에서 무신으로 정권이 바뀌었어도 크게 달라진 것은 없었어. 정권을 잡은 무신들은 왕실과 혼인 관계를 맺어 자기의 권세

를 계속 유지하려 했어. 다른 사람들의 토지와 노비를 함부로 빼앗고 농민들을 수탈했으며, 신분 상승을 원하는 농민들이나 천민들의 요구를 철저히 억눌렀지. 그러니까 무신 정권이 기존 체제를 무너뜨리기는 했지만, 새로운 질서를 수립했다고 보기는 어려운 거란다.

쟁점 토론

무신 시대는 고려 사회에 어떤 영향을 미쳤나요?

무신의 난으로 시작된 무신 시대는 100년을 이어 오며 고려 사회에 큰 영향을 미쳤어. 무신 시대가 미친 영향은 긍정적인 것이었을까? 부정적인 것이었을까?

무신 시대를 긍정적으로 보는 사람은 다음과 같이 주장해.

> 기존 질서가 무너진 혼란스러운 시기였지만, 한편으로는 새로운 질서가 정착되는 시기였습니다. 신분 제도가 무너지면서 가문에 따라 신분과 지위가 결정되는 것이 아니라, 자기의 힘과 능력에 따라 높은 지위에도 이를 수 있는 시기였습니다.

하지만 무신 시대를 부정적으로 보는 사람도 있어.

> 권력자가 바뀌었을 뿐 새로운 질서가 세워졌다고 볼 수는 없습니다. 문신들을 몰아낸 무신들은, 자기들에게도 기회를 달라고 요구하는 농민과 천민들의 난을 무자비하게 짓밟았습니다. 무신들은 그저 자신들이 권력을 갖고 싶었을 뿐, 새로운 질서에 대해서는 관심이 없었다고요! 혼란이 있었을 뿐입니다.

> 어떻게 생각해? 무신 시대가 신분 제도를 무너뜨리고 새로운 질서를 세웠다는 주장과 다만 권력을 잡은 사람이 바뀌었을 뿐 달라진 건 없다는 주장. 어떤 주장이 맞는 것 같아?

> 새로운 질서를 세우지는 못했어도, 문벌 귀족 중심의 질서를 무너뜨렸다는 점에서는 의미 있는 것 아닐까요?

생각 넓히기

1 생각해 보기

다음은 무신의 난 이후에 일어난 일을 설명하는 글이야. 최충헌이 이렇게 오랫동안 권력을 유지할 수 있었던 이유는 무엇인지 생각해 보자.

> 무신의 난이 일어난 뒤에 무신들 사이에서는 권력 다툼이 치열했다. 서로 죽고 죽이는 싸움이 계속되었다. 하지만 마지막으로 권력을 잡은 최충헌은 오랫동안 권력을 유지할 수 있었다. 뿐만 아니라 자손들에게까지 권력을 넘겨주었다.

2 활동해 보기

다음 그림을 보고 고려 시대의 무신들은 어떤 불만을 품었을지 상상하여 써 보자.

우린 모두 문신 출신의 장군이라고!

거란의 침입을 물리친 강감찬

여진족을 정벌한 윤관

묘청의 난을 진압한 김부식

10장 농민과 천민의 난

여기는 고려 시대의 개경에 있는 북산이라는 곳이야.
남루한 옷차림의 사람들이 많이 모여 있어. 누군가가 앞에 나와 이야기를 하고 있네.
저 사람들은 누구이고, 무엇 때문에 여기에 모여 있는 걸까?

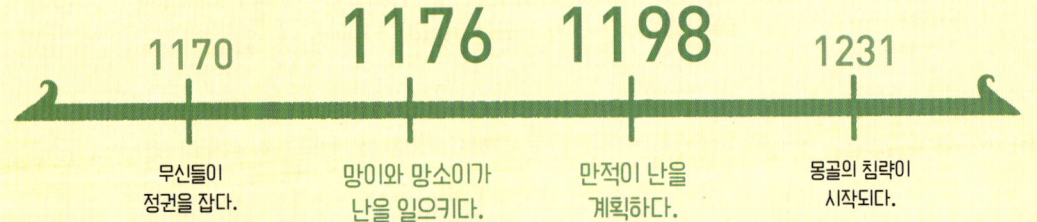

농민의 난

고려 시대에 무신들이 정권을 잡고 있는 동안 농민들과 천민들이 전국 각지에서 난을 일으켰어. 1170년에 무신들이 정권을 잡은 뒤부터 농민과 천민의 난이 시작되었는데, 처음에는 무신들의 집권에 반대하는 지방 세력의 저항에 가담하는 것이었어. 김보당이나 조위총이 지방에서 반란을 일으키자, 주변의 농민들이 이에 호응하여 난을 일으키거나 합세했던 거야.

사실 무신들이 난을 일으키기 이전부터 농민들의 삶은 어려움이 많았어. 흉년이 자주 들어 농사를 지어도 먹고살기가 힘들었지만, 이보다도 농민들을 더 어렵게 했던 것은 지배층의 무분별한 수탈이었어. 특히 전시과 문제가 컸지. 관리들이 늘어나면서 관리들에게 줄 토지가 부족해졌어. 그러다 보니 어떤 관리가 이미 차지하고 있는 땅을 다른 관리에게 다시 주는 일도

농민과 천민의 난

생겼어. 그렇게 되면 농민들은 세금을 두 번이나 내야 하니 얼마나 억울했겠니? 또 문신의 수가 점점 늘어나자 무신에게 주어야 할 땅을 문신에게 주는 일도 있었어. 이 때문에 무신들의 불만이 커졌고, 이것이 무신들이 난을 일으키는 원인이 되기도 했지.

무신들이 난을 일으켜 지배층이 바뀌었어도 사정은 크게 달라지지 않았어. 무신들도 신분이 낮은 사람들을 수탈하기는 문신들과 마찬가지였고, 어떤 면에서는 더 탐욕스럽기도 했거든. 농민들은 새로 정권을 잡은 무신들 가운데에, 자신들처럼 낮은 계급 출신들도 있는 것을 보면서 불만을 터뜨리기 시작했어. 엄격한 신분제 때문에 불만이 있어도 조용히 살던 농민들은 무신들이 힘으로 권력을 잡는 것을 보면서, 우리라고 못 할 것 없다고 생각했던 거야. 게다가 무신의 난으로 사회가 어지러워지고, 문신들과 무신들의 다툼, 또 무신들 사이의 다툼이 잦아지면서 지방을 다스리는 힘도 많이 약해져 있었어. 이처럼 사회가 어지럽고 지방 통제력이 약화되자, 억눌려 살던 농민들이 죽기를 각오하고 들고일어나게 된 거야.

망이, 망소이의 난

농민들이 일으킨 반란 중에서 가장 대표적인 것이 공주 명학소 주민들의 반란이야. 반란을 주도한 사람이 망이, 망소이 형제였기 때문에 '망이, 망소이의 난'이라고 부르지. 공주에 있던 명학소는 특수 행정 구역인 '소' 중의 하나였어. 고려 시대에는 특수 행정 구역으로 향, 부곡, 소가 있었어. 향, 부곡, 소에 사는 사람들은 신분상 평민이었지만, 일반 군현에 사는 주민들과 달리 차별을 받았어. 과거에 합격해도 승진할 수 있는 한계가 있었고, 자유롭게 이사를 갈 수도 없었어. 나라의 수탈도 심했지. 특히 소에 사는 사람들은 농사도 지었지만, 나라에서 필요로 하는 자기나 종이, 수공예품 등의 특산품도 만들어서 바쳐야 했어.

 이처럼 차별적 대우를 받던 명학소 주민들은, 무신의 난 이후에 자신들도 보통 사람들과 똑같이 대우해 달라고 요구하면서 난을 일으켰어. 명학소 주민들뿐만 아니라 나라의 수탈에 시달리던 주변 농민들까지 합세하면서 규모가 커졌지. 난이 일어나자 고려 조정에서는 군대를 보내 진압하려 했지만 실패했어. 농민군을 우습게 보았다가 당한 거야. 조정에서는 이들을 달래기 위해 명학소를 충순현으로 승격시켜 주었어. 명학소 주민들이 일반 군현의 백성들과 같은 대우를 받게 된 거야. 그렇게 해서 망이와 망소이는 난을 멈추고 무리를 해산시켰어. 하지만 조정에서는 망이와 망소이의 가족을 잡아 가두었어. 망이와 망소이가 또다시 난을 일으키지 못하도록 인질로 잡아 두려고 했던 거야. 이에 격분한 망이와 망소이는 다시 난을 일으켰어. 이들 세력은 충청도 일대로 확대되었지만 조정에서는 더욱 강하게 대처했어. 결국 모두 잡히거나 자수하였고 난은 진압되고 말았어. 그리고 충순현은 다시 명학소로 강등되었지.

대전에 있는 명학소 민중 봉기 기념탑이야. 명학소에서 일어난 망이와 망소이의 난을 기념하기 위해 세운 탑이야.

망이와 망소이의 난은 이렇게 실패로 끝나고 말았지만 그 영향은 적지 않았어. 조정에서는 전국에 관리를 보내 백성들의 실상을 살피고 문제점을 파악하여 개선하려고 노력했어. 향, 부곡, 소 등 특수 행정 구역을 일반 군현으로 올려 주기도 했지. 공주 명학소는 잠시 동안 충순현이 되었다가 도로 명학소로 떨어지고 말았지만, 다른 곳에서는 일반 군현으로 승격된 경우가 많았어. 특수 행정 구역은 고려 후기에 점차 없어지다가 조선 시대에는 모두 없어졌어. 일반 군현이 되거나 군현의 일부로 조정이 되었지. 명학소 주민들의 봉기가 일반 백성들 안에서 사회적으로 차별받는 일이 사라지게 만든 계기가 되었던 거야. 망이, 망소이의 난 이후로도 1193년 경상도 지방에서 일어난 김사미와 효심의 난 등 전국 각지에서 농민 반란이 계속 일어났어.

천민들의 투쟁

무신들이 집권하고 있던 시기에는 일반 농민들이나 특수 행정 구역에 사는 주민들뿐만 아니라 천민인 노비들도 난을 일으켰어. 이들은 신분 해방을 요구하거나 평등한 세상을 이루어야 한다고 주장했지.

고려 시대에 노비에는 외거 노비와 솔거 노비가 있었어. 외거 노비는 주인과 따로 살면서 농사를 짓거나 수공업 제품을 만들어 바치는 일을 하는 노비이고, 솔거 노비는 주인의 집에 함께 살거나 근처에 살면서 온갖 허드렛일이나 잔심부름 등을 담당하는 노비야. 외거 노비는 주인에게 많은 물건을 바쳐야 했기 때문에 살림이 어려웠지만, 주인의 간섭을 직접 받지 않았기 때문에 비교적 자유롭게 살 수 있었어. 또 일정한 액수만 바치면 되었기 때문에 남은 것으로 재산을 모으는 노비도 있었지. 이에 비해 솔거 노비는 매일 힘든 가사 노동과 잡일에 시달려야 했고, 주인과 가까이 살다 보니 간섭을 많이 받고 자유도 없었어. 하지만 주인의 마음에 들면 노비에서 해방되어 양인이 될 수도 있었어.

　이처럼 천대받던 노비들은 무신의 난이 일어난 뒤에, 전에는 낮은 대우를 받았던 무신들이 높은 벼슬에 오르는 것을 보았어. 또 이의민과 같은 천민 출신도 대장군이 되고 최고 권력자가 되는 것을 보면서, 자신들도 똑같은 인간으로 대우받을 수 있다고 생각했지. 이에 노비들은 소극적으로는 나라에 또는 주인에게 돈을 바치고 양인이 되기도 했고, 적극적으로는 주인을 죽이거나 난을 일으키기도 했어.

만적의 난

천민들의 반란 중 가장 유명한 것은 노비 만적이 일으키려 했던 난이야. 당시 최고 집권자인 최충헌 집안의 노비였던 만적은 땔나무를 하기 위해 산에 올랐을 때, 같은 처지의 노비들을 모아 결의를 했어. 이 자리에서 만적은 노비들이 각자 자기 주인을 죽이고 노비 문서를 태워 버리면, 모두가 평등한 세상이 될 것이고 누구나 출세할 수 있을 것이라고 주장했지. 앞(124~125쪽)에서 보았던 것이 만적이 동료들과 함께 난을 일으키기로 결의하는 모습이야. 약속한 사람들끼리 동지임을 알아보기 위해 양인을 뜻하는 '丁(정)' 자가 쓰인 종이를 나누어 가졌던 거야.

만적은 노비들에게 "왕후장상의 씨가 따로 있느냐!"라는 유명한 말을 했다고 해. 이 말은 나라를 새로 세우거나 혁명을 일으키면, 출신 신분이 낮아도 자신의 힘으로 높은 자리를 차지할 수 있다는 뜻이야. 비록 노비라 해도 세상을 바꾸면 얼마든지 좋은 대우를 받을 수 있게 된다는 거지. 만적이 이 말을 처음 한 건 아니야. 보통 신분이 낮은 사람이 혁명을 일으킬 때 자신의 입장을 정당화하기 위해 쓰는 말인데, 만적도 같은 생각을 가지고 있었던 거야.

만적과 동료들은 고위 관리들이 흥국사에 모여 잔치를 벌이는 날 난을 일으키기로 했어. 그런데 난을 일으키기로 한 날에 노비들이 많이 모이지 않았어. 노비들 가운데에는 오래 같이 살면서 정이 든 주인을 해치지 못하겠다고 생각한 사람도 있

> 개성에 있는 흥국사 탑이야. 만적의 무리들은 흥국사에 모여 난을 일으키기로 했지만, 많이 모이지 않아 난을 일으키지 못했어.

었고, 난을 일으키는 것에 겁을 먹은 사람도 있었어. 또 노비들이 반란을 일으켜도 성공하지 못할 것이라 생각한 사람도 있었지. 난을 일으키기로 결의는 했지만, 막상 실행하려니 겁이 났던 거야.

난을 일으키기에 충분한 사람들이 모이지 않았다고 생각한 만적은 새로 날을 정해서 다시 모이기로 했어. 그런데 모의에 참가했던 노비 중 한 사람이 겁을 먹고, 그 사실을 주인에게 알려 일이 발각되고 말았어. 최충헌을 비롯한 집권층은 이를 아주 중요한 사건으로 생각하여, 만적을 비롯한 관련자들을 모두 잡아들였지. 이 가운데 만적 등 주동자와 적극 가담하려 한 100여 명은 자루에 넣어 강물에 던져 죽이고, 나머지는 주인들에게 맡겨 처리하도록 했어. 노비는 개인의 재산이었기 때문에 나라에서 모두 죽일 수는 없었던 거야.

만적의 난은 실패로 끝나고 말았지만 그 영향은 아주 컸어. 이 소식은 전국으로 전해졌고 각지에서 노비들의 반란이 일어났어. 그중에서 진주 노비들의 반란이 가장 규모가 컸어. 이들은 합천과 김해, 밀양까지 세력을 뻗쳐 관군과 싸웠어. 노비들의 반란은 성공하지 못하고 모두 진압되었지만, 평등한 세상을 이루어야 한다는 주장은 끊임없이 제기되었지.

노비들의 반란은 당시 지배층에게 큰 충격을 주었어. 노비 주인들은 노비를 짐승처럼 부리고 함부로 때리거나 사고팔았는

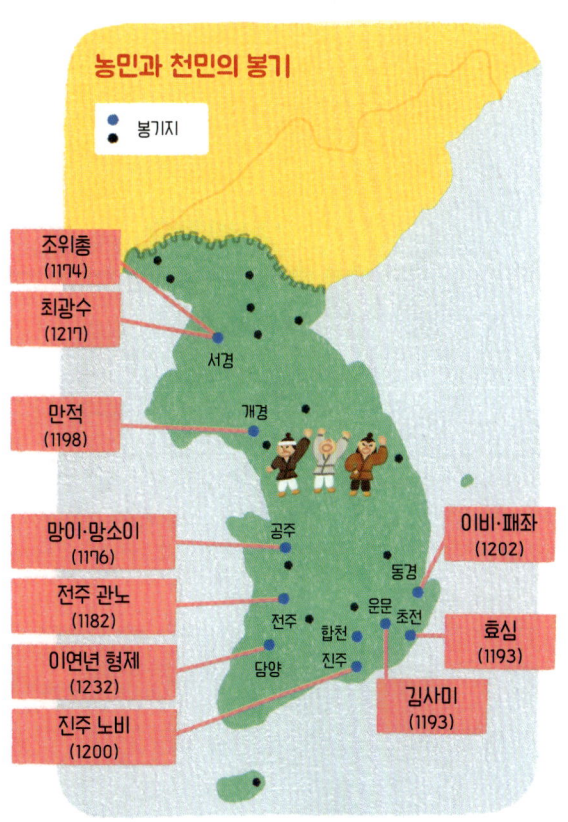

농민과 천민의 봉기

데, 그들이 반란을 꾀했다는 사실에 크게 놀랐어. 주인에 따라서는 노비에게 더 가혹하게 대한 경우도 있었지만, 많은 경우 노비들에 대한 처우를 개선하고 양인이 될 수 있는 길을 열어 주기도 했어. 누구나 평등한 세상을 꿈꾸었던 만적의 소망은 이루어지지 않았지만, 노비들에게는 조금 더 나은 세상이 되었단다.

노비 평량은 어떻게 사람을 죽이게 되었나요?

고려 시대에 살았던 평량과 그의 아내는 노비였어. 그들은 농사를 지어 주인에게 바치고 남은 것을 가지고 장사를 했어. 장사 수완이 좋은 평량은 많은 재산을 모아, 돈을 주고 노비 신분을 벗어나 양인이 되었어. 또 낮은 벼슬이지만 관직을 받기도 했지. 노비에서 관리로 신분 상승을 이룬 거야.

그런데 하루는 아내의 주인인 관리 부부가 찾아왔어. 집안이 가난해지자 자신의 노비 집에 빌붙어 살려고 온 거야. 겨우 노비 신분에서 벗어난 평량은 곤란했어. 평량의 부인이 노비라는 것이 알려질까 봐 두려웠지.

평량은 관리 부부에게 재산을 많이 줄 테니 개경으로 돌아가라고 했어. 그런 뒤에 평량은 돌아가는 관리 부부를 다른 사람을 시켜 죽였어. 아내도 양인으로 만들기 위해 아내의 주인을 죽였던 거야. 이후 평량의 아들도 벼슬을 받았고 관리의 딸과 결혼했어.

하지만 얼마 가지 않아 평량이 관리 부부를 죽인 일이 발각되고 말았어. 평량은 멀리 유배되었고 다른 가족들은 도망쳐서 살아야 했지. 노비로 살기 싫었던 평량의 꿈은 이렇게 끝나고 말았어. 이처럼 노비에서 벗어나 양인이 되려는 꿈을 가진 노비들은 한둘이 아니었어.

생각 넓히기

1 생각해 보기

망이와 망소이의 난은 결국 실패로 끝나고 말았어. 난이 진압된 뒤에 잡혀가면서 망이가 다음과 같이 말한 이유는 무엇인지 생각해 보자.

우리는 비록 실패했지만 헛된 일은 아니야!

2 활동해 보기

당시 노비였던 만적은 같은 처지의 노비들을 모아 반란을 일으키려고 했어. 만일 내가 만적이었다면 어떤 이야기로 노비들을 설득했을지 상상하여 써 보자.

11장 몽골의 침입과 저항

여기는 고려 시대의 경주에 있는 황룡사라는 절이야. 높은 탑과 절 전체가 불길에 휩싸여 있어.
군인들이 절에 불을 지르고 사람들을 마구 죽이고 있네.
그런데 어떤 나라 군대가 이런 못된 짓을 하고 있는 걸까?

몽골이 쳐들어오다

앞에서 고려 시대에 무신의 난이 일어나 무신들이 정권을 잡았다고 한 것 기억하지? 최씨 집안이 정권을 잡을 무렵 중국 대륙에 큰 변화가 일어났어. 몽골 초원 지대에 살던 유목민 우두머리 칭기즈 칸이 나라를 세우고 세력을 빠르게 확장시켜, 북중국에 있던 금나라와 맞설 정도로 커진 거야. 유목 민족인 몽골의 군대는 대부분 기병들이었기 때문에, 아주 빠르게 이동할 수 있었어. 전투가 벌어지면 말을 타고 달려가 활을 쏴서 전열을 무너뜨린 후 일제히 돌격해서 적을 쓰러뜨렸지. 이처럼 강력한 군대를 이용해서 몽골은 금나라와 남송을 연달아 무너뜨리고 중국 전체를 차지했을 뿐 아니라, 러시아와 동부 유럽, 아랍과 인도 북부 지역에 걸친 대제국을 세웠어.

온 세계를 내 손 안에!

몽골 제국을 세운 칭기즈 칸이야. 흩어져 있던 몽골 부족을 하나로 통일하고, 많은 나라를 정복하여 대제국을 건설했어.

몽골의 침입과 저항

몽골이 대제국을 건설하면서 고려도 몽골과 충돌을 피할 수 없었어. 몽골이 세력을 확장하는 과정에서 거란족을 쫓아 고려 땅에 들어왔을 때, 고려와 몽골이 처음 만나게 되었어. 이때는 고려와 몽골이 힘을 합쳐 거란족을 물리쳤지. 하지만 몽골은 거란족을 물리치는 데 도움을 주었으니 자기들이 고려의 은인이라면서, 많은 공물을 달라고 요구했어. 이 때문에 서로 사이가 나빠졌는데, 마침 고려에 왔던 몽골 사신이 돌아가는 길에 죽음을 당하는 일이 벌어졌어. 그러자 몽골은 이를 구실로 고려에 쳐들어왔어. 1231년에 처음 시작된 몽골의 침공은 여러 차례에 걸쳐 40년 넘게 계속되었어.

1차 침입 당시 몽골군이 압록강을 건너오자 귀주성의 군인들과 백성들은 모두 힘을 합쳐 이에 맞섰어. 몽골군은 사다리와 돌을 날려 보내는 석포, 이동식 탑 등 여러 가지 도구를 이용해서 성을 공격했지. 이 때문에 성벽의 일부가 무너지기도 했지만, 박서가 이끄는 고려의 군인들과 백성들은 끝까지 성을 지켜 냈어. 이를 지켜보던 몽골 장수가 '내가 많은 전투를 치렀지만 이런 경우는 처음이다.'라고 하며 군대를 돌렸다고 해.

군인들과 백성들만 몽골군과 싸웠던 것은 아니야. 몽골군이 쳐들어오기 전에 서경 일대에는 초적이라고 불리던 반란 세력이 있었어. 이들도 전쟁이 일어나자 몽골군과 싸웠어. 반란군과 나라의 군대가 외적의 침입에 맞서 함께 싸운 거야. 결국 고려를 굴복시키지 못한 몽골은 예물과 인질을 보내겠다는 고려의 약속에 따라 군대를 철수시켰어.

강화도 천도와 백성들의 고통

몽골군이 물러가자 최우가 이끄는 고려 조정은 계속해서 싸울 것을 결심하고 수도를 강화도로 옮겼어. 서해안의 큰 섬인 강화도는 한강과 임진강, 예성강의 하구에 있었고, 개경에서 거리도 멀지 않은 곳이야. 남쪽 지방에서 올라오는 식량이나 물자를 받기에도 적절한 곳이었지. 또 유목 민족의 나라인 몽골은 세계 최강의 기병을 가지고 있었지만, 바다나 넓은 강을 건너 군사를 이동시키거나 배를 이용한 싸움에는 익숙하지 않았어. 고려는 이러한 점을 이용하여 서해안의 중요한 섬인 강화도를 중심으로 몽골과 끝까지 싸우려고 한 거야.

고려가 수도를 강화도로 옮기고 계속 싸울 뜻을 보이자 몽골은 다시 쳐들어왔어. 몽골군은 강화도를 직접 공격하지는 못하고, 개경과 경기도 일대를 약탈한 뒤에 대구 지역까지 진출했어. 이들의 공격으로 대구 부인사에 보관되어 있던 초조대장경 목판이 불타 버렸지. 그러나 승리한 일도 있었어. 처인성 전투에서 고려의 김윤후가 몽골군 지휘관 살리타를 활로 쏘아 죽이는 큰 공을 세웠어. 김윤후는 성 밖의 길목에 매복해 있다가 몽골군 기병대가 다가오자, 부하들과 함께 화살을 퍼부어 선두의 지휘관을 명중시킨 거야. 조정은 강화도로 도망갔지만 백성들의 힘으로 만든 승리였지. 지휘관을 잃은 몽골군은 서둘러 철수했어.

처인성에서 적장을 활로 쏘아 죽인 김윤후와 처인성 전투 기록화야. 그림에서 활을 쏘고 있는 승려가 김윤후야. 김윤후는 전쟁에서 세운 공으로 나중에 장군이 되었어.

몽골은 고려의 항복을 받아 내지는 못했지만, 세력을 확장하여 금나라를 멸망시켰어. 중국 북부 지역에 있던 금나라는 여진족이 세운 나라였어. 오랫동안 강한 군사력으로 북부 지역을 지배하고 있었지만 새로 등장한 몽골에 굴복당하고 만 거지. 금을 정복한 몽골은 다시 고려를 공격하기 시작했어. 일단 한 번 쳐들어오면 오랫동안 머물면서 많은 사람들을 납치하고 물자를 마구 약탈했어. 고려 조정은 몽골군이 쳐들어오면 맞서 싸우지는 않고 강화도를 지키기만 하면서, 주민들에게 산성이나 섬으로 도망쳐서 몽골군과 싸움을 피하라고 했어. 이 때문에 몽골군이 쳐들어오면 백성들만 고통을 겪었어. 힘없는 백성들은 섬이나 산성에서 몽골군이 지나가기만 기다릴 뿐이었지. 몽골군에게 죽임을 당하지 않아도 식량이 없어 굶어 죽는 사람이 셀 수 없을 만큼 많았어.

강력한 저항을 받지 않은 몽골군은 고려 땅을 마음대로 휘젓고 다녔어. 몽골군은 아주 잔인해서 닥치는 대로 사람을 죽였고 많은 문화재를 약탈하거나 불태웠어. 앞(136~137쪽)에서 보았던 것이 600년 이상 위용을 자랑했던 경주의 황룡사 9층탑이 몽골군에 의해 불타는 모습이야. 탑뿐만 아니라 절 전체가 이때 불타 버렸단다. 또 몽골군은 많은 주민들을 잡아다 노예로

몽골의 침입을 받았을 때, 강화도로 피신한 조정이 세운 궁궐터야. 지금 궁궐은 없고 터만 남아 있어.

삼았는데, 한꺼번에 20만 명이 넘는 사람들이 끌려간 적도 있었어.

이처럼 백성들은 고통을 겪고 있었지만, 강화도에 피신한 조정은 몽골군과 적극적으로 싸우지도 않았고 이렇다 할 대책을 세우지도 못했어. 오히려 최씨 정권은 강화도에 내성과 외성을 쌓고 왕궁과 귀족들의 저택, 절 등을 세웠어. 또 바다를 통해 전국 각지에서 공급되는 식량과 물자를 이용해서, 전쟁 전과 다름없는 사치스러운 생활을 누렸지. 팔관회와 연등회 등 국가의 큰 행사도 그대로 시행했어. 이 때문에 강화도의 모습은 마치 개경을 그대로 옮겨 놓은 듯했어.

고려의 항복과 삼별초의 저항

전쟁이 길어지면서 무신 세력 사이에서 내분이 일어났어. 최씨 정권에 불만을 품은 김준 등이 최의를 죽이고 정권을 잡았어. 드디어 최씨 정권이 끝난 거야. 왕과 문신들은 몽골과 전쟁을 끝내고 개경으로 돌아가려 했어. 하지만 무신들은 자기 권력을 지키기 위해 남아 있으려고 했지. 힘겨루기 끝에 결국 왕과 문신들이 무신 정권을 무너뜨렸어. 이들은 몽골과 강화 협정을 맺고 개경으로 돌아가기로 결정했어. 수십 년 동안 이어진 전쟁을 드디어 끝내기로 한 거야.

그런데 조정이 개경으로 돌아가려 하자, 이번에는 삼별초가 이에 반대하면서 몽골과 계속 싸워야 한다고 주장했어. 왜 그랬을까? 삼별초는 좌별초, 우별초, 신의군으로 구성된 특수 부대였어. 처음에는 야간에 도둑을 단속하는 야별초로 출발했는데, 인원이 늘어나자 좌별초와 우별초로 나뉘었어. 여기에 몽골군에게 잡혀갔다가 탈출한 사람들로 구성된 신의군이 더해져 삼별초가 된 거야. 치안을 지키는 부대에서 시작해 나라의 정예 부대로 성장했고, 무신 정권의 가장 중요한 군사 기구가 되었지. 이들은 개경으로 돌아가면 큰 벌을 받게 될까 봐 두려워했어. 몽골에 강하게 저항한 최씨 정권의 충실한 부하였던 자기들을, 몽골군이 가만두지 않을 거라고 생각했던 거야. 그래서 끝까지 싸울 것을 주장하면서 반란을 일으켰단다.

배중손을 비롯한 삼별초 지휘관들은 왕족이었던 왕온을 자신들의 왕으로 내세웠어. 강화도에서 더 이상 싸우기 어렵다고 생각한 이들은, 많은 군인과 백성들을 이끌고 1천 척의 배를 이용하여 강화도를 떠나 진도에 터를 잡

았어. 진도는 남쪽 지방에서 거둔 세금을 운반하는 뱃길의 길목에 있었고, 중국이나 일본과 이어지는 뱃길의 요충지였어. 농지도 넓어서 식량을 얻기에도 좋았지. 진도에서 삼별초는 용장산성을 쌓고 싸움에 대비했어. 삼별초가 남해안 일대를 장악하면서 몽골의 간섭에 반대하는 주변의 많은 백성들이 이에 호응하여 세력이 커졌어. 게다가 고려 조정은 세금을 운반하는 뱃길이 막혀 세금을 받기도 어려워졌어. 그러자 고려 조정은 몽골에 도움을 요청하여 고려군이 몽골군과 함께 진도를 공격했어. 한때 함께 몽골과 싸웠던 고려 군대가 이제 한쪽은 반란군, 한쪽은 정부군이 되어 싸우게 된 거야.

삼별초는 고려와 몽골 연합군의 공격을 몇 차례 잘 막아 냈으나, 점차 상황이 불리해지자 제주도로 근거지를 옮겼어. 제주도에서도 삼별초는 항파두리성을 비롯한 성을 쌓고 세금 운반선을 공격하여 식량을 빼앗는 등 싸움을 계속했지. 그러나 김방경이 이끄는 고려군과 홍다구가 지휘하는 몽골군의 집중 공격을 이기지 못하고, 결국 1273년에 진압되고 말았어. 삼별초의 저항을 끝으로 고려는 몽골과의 싸움을 멈추었어. 1231년에 처음 전쟁이 시작된 이후 40년이 넘게 이어진 길고 힘든 싸움이 드디어 끝난 거야.

고려가 항복하자 몽골은 고려 왕실을 그대로 두고 간접적으로 지배했어.

제주도 항파두리성 옛터에 세워진 항몽순의비야. 몽골에 대항하여 싸운 삼별초를 기념하기 위해 세운 비석이야.

몽골의 침입과 저항

오랫동안 저항을 계속한 덕분에 자주성을 지킬 수 있었던 거야. 싸움의 과정에서 무신 정권이 무너지고 국왕과 문신들의 지배 체제가 다시 회복되었지. 그러나 고려는 사람도 많이 죽거나 다쳤을 뿐 아니라 많은 문화재를 잃어야 했어. 또 전쟁 후에도 몽골의 정치적 간섭을 받을 수밖에 없었고, 오랫동안 속국으로 지내야만 했어.

쟁점 토론 — 고려는 강화도로 수도를 옮기고 몽골과 계속 싸워야 했나요?

몽골의 1차 침입이 끝나고 몽골군이 돌아가자, 고려 조정에서는 수도를 옮겨 몽골과 계속 싸울 것인지를 두고 의견이 갈라졌어. 수도를 옮겨야 한다는 사람들은 다음과 같이 주장했어.

몽골 사람들은 육지에서만 살아 물에 약하다고 합니다. 그러니 강화도로 수도를 옮기고 끝까지 싸워야 합니다. 우리가 끝까지 저항하면 저들이 다시 쳐들어와도 성과 없이 물러날 것입니다!

반대하는 사람들은 다음과 같이 주장했지.

우리 고려는 거란이나 금나라가 위협했을 때에도 사대 관계를 맺고 평화를 유지했습니다. 지금 몽골 군대가 철수했으니 빨리 사대 관계를 맺고 전쟁을 피해야 합니다. 수도를 옮긴 후 몽골이 다시 쳐들어 오면 섬에 있는 왕과 지배층은 안전할지 몰라도, 백성들은 피할 곳이 없습니다. 백성들만 죽게 할 수는 없습니다!

어떻게 생각해? 물에 약한 몽골에 맞서 수도를 섬으로 옮기고 끝까지 싸우자는 의견과 남아 있는 백성들을 위해 몽골과 사대 관계를 맺고 전쟁을 피하자는 의견. 어떤 것이 맞는 것 같아?

싸워도 같이 싸우고, 항복해도 같이 해야 하는 것 아닐까요? 자기들만 도망가는 건 옳지 않은 것 같아요!

생각 넓히기

1. 생각해 보기

몽골의 침략에 맞서 처인성 전투를 승리로 이끌었던 김윤후는 그 공으로 장군이 되었어. 또다시 몽골이 침입했을 때, 김윤후는 충주성에서 성안의 노비들을 모아 놓고 노비 문서를 불태우며 다음과 같이 말했어. 이 이야기를 듣고 노비들은 어떻게 반응했을지 생각해 보자.

> 최선을 다해 몽골군과 싸워 주시오. 그렇게 하면 귀하고 천함을 가리지 않고 모두에게 벼슬을 주겠소!

2. 활동해 보기

몽골이 쳐들어오자 고려 조정은 수도를 강화도로 옮기고 대항했지만, 백성들을 위한 대책은 세우지 않았어. 이 때문에 백성들만 고통을 겪었지. 만일 내가 그 당시에 살았다면 임금에게 어떤 내용의 상소문을 올렸을지 상상하여 써 보자.

상 소 문

12장 《삼국사기》와 《삼국유사》

여기는 고려 시대의 개경이야. 여러 사람들이 바쁘게 일을 하고 있어.
옷차림을 보니 관리들인 것 같아. 책을 보고 글을 쓰고 있네.
저 사람들은 누구이고, 무슨 일을 하고 있는 걸까?

질문 있어요!

저기, 궁금한 게 있어요!

무엇이든 물어보세요!

몇 년 동안 계속 책만 보고 글을 쓰려니 힘들어요!

《삼국사기》를 만드느라 고생이 많으시네요!

그나저나 삼국의 역사를 기록한 《삼국사》가 있는데, 왜 또 《삼국사기》를 만드는 거죠?

당시 고려는 혼란을 극복하고 나라를 안정시키기 위해, 우리 민족의 역사를 제대로 알릴 역사책이 필요했어. 또 《삼국사》의 내용이 빈약하고 신비스러운 이야기도 많았기 때문에, 새롭게 《삼국사기》를 편찬하게 된 거란다.

1145 김부식이 《삼국사기》를 편찬하다.

1231 몽골의 침략이 시작되다.

1274 고려와 원의 군대가 일본을 공격하다.

1366 전민변정도감을 설치하다.

고려의 역사책

고려 시대에는 초기부터 여러 역사책이 만들어졌어. 조선 시대에 《조선왕조실록》이란 역사 기록이 있는 것처럼 고려 시대에도 실록을 만들었어. 이를 《고려실록》이라 하는데, 지금은 전해지지 않아. 거란의 침입으로 개경이 함락되었을 때 불타 버렸고, 그 뒤에 만든 실록도 몽골의 침입 등 여러 차례 전쟁을 치르며 안타깝게도 없어져 버린 거야. 다행스럽게도 그중 일부 기록이 남아 조선 시대에 《고려사》, 《고려사절요》를 엮을 때 기초 자료가 되었지. 그 밖에도 여러 역사책이 만들어졌지만, 지금까지 전해지는 것은 얼마 되지 않아. 나머지는 겨우 책 이름만 전해지고 있을 뿐이야.

고려 시대에 만들어진 역사책으로 남아 있는 것 중에서 가장 널리 알려진 책은 《삼국사기》와 《삼국유사》야. 《삼국사기》와 《삼국유사》에 대해서는 많

이 들어 봤을 거야. 지금 우리가 삼국 시대의 역사에 대해 알 수 있는 것은 《삼국사기》와 《삼국유사》 덕분이라고 할 수 있지. 책 이름에서 알 수 있듯이 두 책은 모두 삼국 시대의 역사를 다루고 있어. 하지만 이 두 역사책은 여러 가지 차이점이 있어.

우선 만들어진 시기와 만든 사람의 출신이 달랐어. 《삼국사기》는 고려가 한창 번영을 누리던 때인 1145년 무렵에, 재상을 지냈던 유학자 김부식이 임금의 명을 받아서 여러 학자들과 함께 편찬했어. 앞(148~149쪽)에서 보았던 것이 《삼국사기》를 편찬하기 위해, 김부식과 학자들이 자료를 보고 글을 쓰는 모습이야. 반면에 《삼국유사》는 몽골의 침입으로 어려움을 겪고 난 뒤인 1281년 무렵에 승려인 일연이 혼자서 편찬했어. 또 《삼국사기》는 김부식이 왕의 명을 받아 펴낸 공식적인 역사책으로 여러 사람이 공동으로 작업했어. 그래서 개인의 생각보다는 지배층의 공통된 생각과 입장이 정리되어 있지. 이에 비해 《삼국유사》는 일연 개인이 만들었기 때문에 좀 더 자유롭게 일연의 생각이 반영되어 있다고 할 수 있어. 이처럼 두 책이 편찬된 시대 분위기도 다르고, 편찬을 맡은 인물의 출신이나 종교, 사상 등이 달랐기 때문에 많은 차이가 있는 거야.

《삼국사기》에는 왜 단군 신화가 실려 있지 않을까?

우리나라 최초의 국가 고조선의 건국 신화인 단군 신화는 잘 알고 있지? 단군 신화는 두 책 중에서 어떤 책에 기록되어 있을까? 바로 《삼국유사》야. 그럼 《삼국사기》에는 왜 단군 신화가 실려 있지 않을까? 김부식이 단군 신화를 몰라서 그랬을까? 김부식은 단군 신화를 알고 있었던 것 같아. 《삼국사기》에 '왕검'이라는 말이 나오거든. 그런데도 단군 신화를 싣지 않은 이유는 뭘까?《삼국사기》는 이름 그대로 고구려, 백제, 신라 세 나라의 역사를 기록한 책이야. 물론 통일 신라까지는 다루었지. 고조선은 삼국이 아니었기 때문에 다루지 않은 거야.《삼국사기》에는 고조선만이 아니라 삼국과 같은 시대에 있었던 가야와 발해의 역사도 포함되어 있지 않아. 삼국이 아닌 나라는 모두 제외했던 거야. 또한 김부식은《삼국사기》에 과장된 이야기나 신비로운 이야기는 싣지 않았어. 역사적 사실이라고 믿을 수 없었던 거지. 이것도 단군 신화가 실리지 않은 이유 중의 하나라고 할 수 있어.

《삼국사기》가 남아 있는 책 중에서 삼국 시대 역사를 정리한 가장 오래된 책이지만,《삼국사기》가 처음으로 삼국 시대 역사를 다룬 것은 아니야. 어느 시대나 역사를 중요하게 생각했기 때문에, 통일 신라 시대에도 삼국의 역사를 정리한 역사책이 있었을 거야. 하지만 지금은 책 이름조차 전해지지 않아. 고려 시대에도 삼국 시대 역사를 정리한《삼국사》라는 역사책을 만들었지만, 이 책도 지금은 전해지지 않아.《삼국사》라는 역사책이 있었다는 것은 이규보라는 사람이 지은 책에 '구삼국사'라는 책 이름이 나오는 것을 보면 알 수 있어. 이규보가 책을 쓸 때 이미 김부식이 지은

김부식이 편찬한《삼국사기》야.《삼국사기》는 지금까지 남아 있는 역사책 중에서 가장 오래된 책이야.

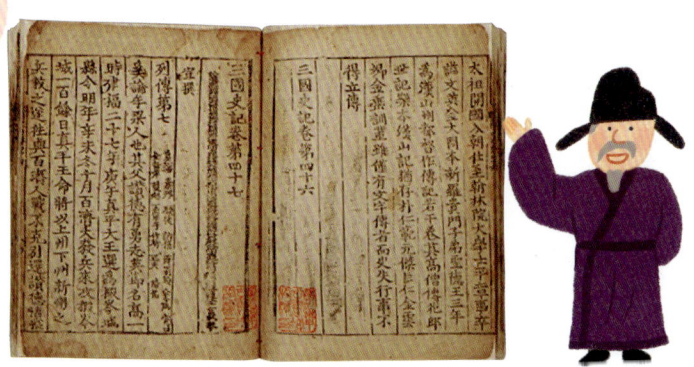

《삼국사기》와《삼국유사》

《삼국사기》가 있었기 때문에, 그 이전에 만들어진 이 책의 이름에 옛날이라는 뜻의 '구' 자를 붙여서 '구삼국사'라고 불렀던 거야.

그러면 이미 《삼국사》가 있는데, 고려에서는 왜 다시 《삼국사기》를 편찬했을까? 이 당시 고려는 이자겸의 난과 묘청의 난을 겪으면서 혼란스러워졌어. 나라에서는 빨리 어지러운 사회를 안정시키고 지배층이 단결하도록 만들 필요가 있었지. 그래서 나라의 힘을 하나로 모으기 위해, 고려가 있기까지의 역사를 널리 알리려고 했던 거야. 또 《삼국사》의 내용이 빈약하여 빠진 역사가 많고 신비스러운 이야기가 많은 것도 새롭게 《삼국사기》를 편찬하게 된 이유가 됐어. 전해지지 않기 때문에 그 내용을 알기 어렵지만, 이규보라는 고려 시대 문인이 지은 〈동명왕편〉을 보면 《삼국사》의 내용을 일부는 알 수 있어. 이규보는 《삼국사》를 보고 〈동명왕편〉을 지었다고 해. 그런데 여기 들어 있는 주몽의 고구려 건국 이야기는 《삼국사기》에 실려 있는 주몽 신화와 내용에서 여러 가지 차이가 있어. 신비스러운 이야기가 많고, 유교적 분위기는 찾아보기 어렵지. 이런 점 때문에 《삼국사기》를 편찬하게 되었을 거야.

여기서 잠깐 〈동명왕편〉에 대해 알아볼까? 이규보의 문집인 《동국이상국집》에 실려 있는 〈동명왕편〉은 고구려의 시조 주몽이 나라를 세운 이야기를 담고 있는 역사 서사시야. 본격적인 역사책은 아니지만, 주몽이 고구려를 건국하는

이규보와 그가 쓴 〈동명왕편〉이야. 주몽 신화를 통해 우리 역사의 자랑스러움을 강조했어.

이야기를 통해 고구려를 계승했다고 생각하는 고려인의 자부심을 불러일으키려고 했지. 이규보는 "우리나라가 본래 성스러운 사람의 고장임을 천하에 알리고 후세 사람들에게도 전하기 위해 시를 지었다."고 밝히고 있어. 이는 후에 일연이 《삼국유사》에 담고자 했던 고려인의 자주성이나 자부심과 같은 것이라고 할 수 있어.

《삼국사기》는 중국의 《사기》라는 역사책의 구성 형식에 따라 편찬됐어. 《사기》는 기전체라는 형식으로 구성되어 있는데, 역사책의 모범이라고 불리는 책이야. 기전체에 대해서는 뒤에서 좀 더 알아보자. 이런 구성에 따라 국왕의 역사를 다룬 부분은 물론이고, 뛰어난 인물들의 전기와 삼국 시대의 여러 가지 제도도 정리하여 추가했어. 또 유학자였던 김부식은 《삼국사기》를 편찬하면서 신비스러운 이야기는 빼고 유교적 입장을 강조하려고 했어. 그래서 충과 효를 강조하고, 삼국 시대 국왕과 신하들의 잘잘못을 가려 삼국 역사를 후세에 교훈으로 삼고자 했지. 《삼국사기》를 중국에 대한 사대 의식이 담겨 있는 책이라고 비판하기도 하지만, 나름대로 우리 역사에 대한 자부심도 갖고 있었어. 삼국 시대부터 전해오는 기록과 중국 측의 기록이 다를 때에는 우리 측의 기록을 따랐거든. 이처럼 《삼국사기》는 당시까지 전해지는 삼국 시대의 역사 기록을 체계적으로 정리하여 후대에 물려주었다는 점에서 매우 가치가 높은 책이야. 만약 《삼국사기》마저 없었다면 우리는 삼국 시대에 대해 알 수 있는 게 별로 없었을 거야. 다만 삼국 이전의 역사와 가야, 발해의 역사를 빼놓아서 우리가 그 역사를 삼국만큼 알지 못하는 것은 아쉬운 점이라고 할 수 있지.

희망과 자부심을 주려고 만든 《삼국유사》

전쟁으로 힘들어하는 백성들에게 희망을 주기 위해서는, 자주성을 강조하는 역사책이 필요해!

《삼국사기》가 편찬되고 140년 가까이 흐른 뒤에 일연이 《삼국유사》를 편찬했어. 일연은 당시 많은 사람들의 존경을 받던 고승이었어. 충렬왕이 직접 일연을 찾았을 정도였다고 해. 일연이 《삼국유사》를 편찬할 때는 오랜 기간에 걸친 몽골과의 전쟁이 끝나고 원의 간섭을 받을 무렵이었어. 일연은 전쟁을 겪으면서 나라 곳곳이 황폐해진 모습을 보고 마음 아팠어. 이런 현실에서 낙담하고 있는 고려 사람들에게 희망을 주고 긍지를 불러일으킬 수 있는 역사책이 필요하다고 생각했지. 그래서 《삼국유사》를 편찬하게 된 거야. 이 때문에 《삼국유사》에는 우리 민족의 자주성을 나타내고 자부심을 불러일으키는 내용이 많이 들어 있어. 중국의 역사만큼 오랜 우리의 역사를 자랑하는 고조선의 단군 신화를 수록한 것도 그런 의지의 표현이라고 할 수 있어. 《삼국유사》는 현재 남아 있는 역사책 중에서 단군 신화가 실려 있는 가장 오래된 역사책이란다.

일연은 김부식이 편찬한 《삼국사기》의 내용을 알고 있었어. 그래서 《삼국사기》에 없는 신화나 전설, 그리고 평범한 백성들의 이야기를 담은 역사책을 만들기로 했지. 《삼국사기》 등 이미 있는 역사책에 빠진 내용을 보완하려는 의도로 《삼국유사》를 만들려 했던 거야. 《삼국유사》라는 책 이름은 '삼국 역사의 남겨진 이야기'라는 뜻을 갖고 있는데, 이름에서도 일연의 그런 생각을 알 수 있어. 일연은 전국 방방곡곡을 찾아다니며 민간에 전해 오는 수많은 신화나 전설, 백성들의 살아가는 이야기를 수집하여 《삼국유사》에 실었어. 이런 이야기들은 삼국 시대 사람들의 다채로운 삶의 모습을 보여 주고 있어. 물론 《삼국사기》에도 여러 사람들의 이야기가 실려 있지만, 그 사람들은 유교의 충과 효, 의리를 실천하는 사람들이 대부분이야. 이와 달리 《삼국유사》에는 일연이 승려였기 때문에 불교에 관한 이야기가 많지만, 그런 이야기 중에 가난하고 어렵게 살아가는 백성들의 이야기가 곳곳에 담겨 있지. 역사책에서 많이 다루지 않는 평범한 백성들의 모습을 다루고 있다는 점이 《삼국유사》의 중요한 가치라고 할 수 있을 거야.

　《삼국유사》의 또 다른 가치는 삼국 이외에 다른 나라들의 역사를 담고 있다는 거야. 《삼국사기》가 고구려, 백제, 신라 삼국의 역사만 담고 있는 것과는 달리, 《삼국유사》는 삼국의 역사는 물론이고 고조선에서부터 부여, 삼한, 가야, 발해의 역사를 두루 담고 있어. 우리 역사의 범위를 넓게 보고 있는

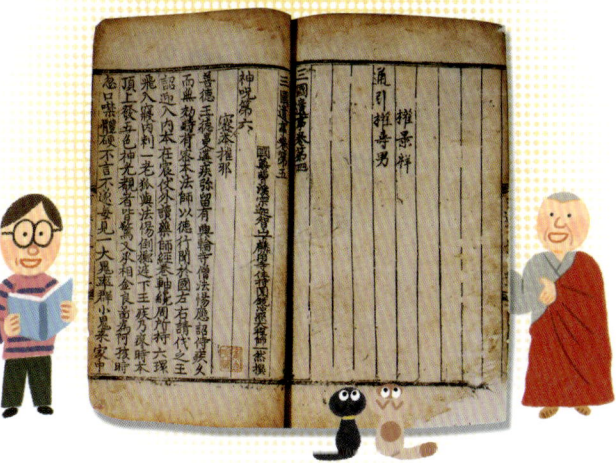

일연이 편찬한 《삼국유사》야. 《삼국유사》에는 《삼국사기》에 없는 기록들이 많이 실려 있어.

거야. 이 나라들에 대한 내용은 우리나라의 다른 역사책에서는 볼 수 없는 것이기 때문에, 아주 중요한 자료가 되고 있지. 또한 일연은 《삼국사기》처럼 정해진 형식이 아니라 자유로운 방식으로 역사책을 편찬했어. 그 결과 《삼국유사》는 그 어떤 역사책에서도 찾아볼 수 없는 독특하고 자유로운 체제와 구성으로 되어 있단다.

사건탐구 — 기전체란 어떤 역사 서술 형식인가요?

동아시아에는 역사책을 만들 때 사용하는 여러 가지 형식이 있어. 기전체, 편년체, 기사 본말체라 부르는 형식들이야. 먼저 기전체라는 형식은 사마천이 《사기》라는 역사책을 만들 때 사용했던 형식이야. 본기, 지, 열전으로 이루어져 있어. 본기란 국왕 별로 일어난 사건 등을 연대순으로 정리한 거야.

지는 국가 운영에 필요한 여러 분야의 제도와 내용을 정리한 걸 말해. 예를 들어 관직 등을 정리한 직관지, 경제 분야를 정리한 식화지, 지리 분야를 정리한 지리지 등이 있지. 끝으로 열전은 인물들의 전기에 해당하는 거야. 나중에 공식적인 역사책은 대부분 기전체 형식을 따랐기 때문에 정사체라고도 불러.

편년체는 시대순으로, 즉 사건이 일어난 순서에 따라 역사를 정리하는 형식이야. 대표적인 것으로 중국 송나라 때 사마광이 지은 《자치통감》이 있어. 기사 본말체는 사건을 유형별로 분류하고, 각 사건의 원인과 경과, 결과 등에 따라 역사를 서술하는 형식을 말해.

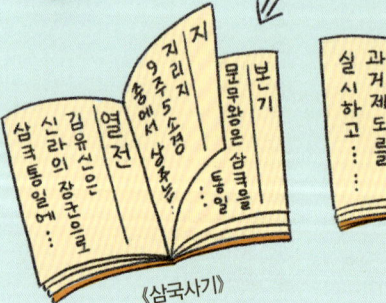

《삼국사기》

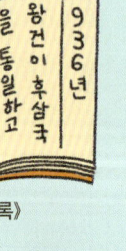

《고려실록》

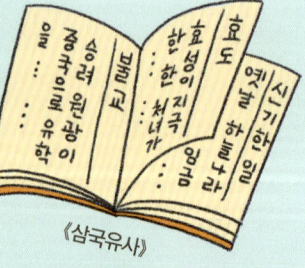

《삼국유사》

앞에서 본 《삼국사기》는 기전체 형식이고, 전해지지 않지만 《고려실록》은 편년체 형식이야. 《삼국유사》는 자유로운 형식이라서 위에 해당되지 않지만, 굳이 연결시킨다면 기사 본말체에 조금 더 가깝다고 할 수 있어.

역사책에도 여러 가지 형식이 있는 거네요!

생각 넓히기

 **생각해 보기**

《삼국사기》와 《삼국유사》는 삼국 시대에 대해 알 수 있는 중요한 자료야. 《삼국사기》는 김부식이 나라의 명을 받아 만든 공식적인 역사책이고, 《삼국유사》는 일연이 개인적으로 만든 역사책이지. 두 책이 어떤 차이가 있는지 차이점을 3가지만 써 보자.

_____

_____

_____

 활동해 보기

《삼국사기》와 《삼국유사》 중 한 가지를 골라, 그 책을 널리 알릴 수 있는 홍보 자료를 만들어 보자.

13장 원의 간섭과 고려의 자주성 회복 노력

여기는 몽골과 전쟁이 끝난 후의 개경에서 북쪽으로 가는 길이야.
많은 여자들이 어디론가 끌려가고 있어. 몽골군이 감시를 하고 있네.
저 여자들은 누구이고, 또 어디로 끌려가고 있는 걸까?

질문 있어요!

저기, 궁금한 게 있어요!

무엇이든 물어보세요!

에고, 불쌍해라! 저렇게 어린 여자들을 왜 끌고 가는 건가요?

자기 나라 사람들은 안 쓰고…! 그나저나 돌아올 수나 있을까요?

원나라 황실에서 일을 시키려고 데려가는 거예요.

원나라는 전쟁이 끝난 뒤에 고려에서 공물뿐만 아니라 여자도 데려갔어. 황실에서 시녀로 쓰기 위해서였지. 원나라의 무리한 요구 때문에 백성들의 삶은 더욱 힘들어졌어.

1145 김부식이 《삼국사기》를 편찬하다.

1231 몽골의 침략이 시작되다.

1274 고려와 원의 군대가 일본을 공격하다.

1366 전민변정도감을 설치하다.

원의 정치적 간섭

고려가 원나라에 항복한 뒤 고려는 여러 가지 면에서 원의 간섭을 받게 되었어. 원나라는 몽골을 가리키는 거야. 1271년에 몽골이 나라 이름을 '원'으로 바꾸었거든. 원은 고려 왕조를 인정했지만, 정치적인 간섭과 경제적인 수탈은 고려가 감당하기 어려울 정도였어.

원은 전쟁을 통해 정복한 지역을 현지 사정과 자신들의 군사력에 따라 다양한 방식으로 다스렸어. 먼저 중요한 곳이나 강하게 저항한 곳은 원나라의 땅으로 만들어 직접 다스렸어. 그다음으로 원의 힘을 인정하고 일찍 항복한 곳은 나라는 그대로 두고, 몽골 왕족이 땅과 백성을 지배하는 방식으로 다스렸지. 원래 있던 체제를 유지한 채 몽골족이 지배하는 것으로 바꾼 거야. 이와는 달리 정복한 나라를 독립 국가로 인정하여 왕실을 그대로 두고 백성들을 다스리게 하면서, 다루가치라는 관리를 보내 정치에 간섭하는 방식으로 통치하는 경우도 있었어. 고려는 세 번째에 해당했지. 원이 처음에 고려와 전쟁을 시작했을 때에는 완전히 정복하여

원나라 세조 쿠빌라이가 사냥을 가는 모습이야. 쿠빌라이는 고려의 주권을 인정하여, 고려가 독립 국가로 남아 있도록 했어.

직접 지배하려 했지만, 고려가 오랫동안 강력하게 저항하자 이를 포기했어. 그래서 원은 고려가 항복한 후에도 고려의 주권을 인정하고 고유한 풍속에 간섭하지 않았어.

원이 고려 왕실을 인정해 주었지만 고려 왕이 마음대로 정치를 할 수는 없었어. 몽골에 항복한 고려 원종은 원 세조 쿠빌라이의 딸을 세자(후에 충렬왕)의 부인으로 정했고, 이후 왕실 사이의 혼인 관계는 계속 유지되었어. 고려의 세자는 어려서부터 원나라에 가서 황궁에서 살아야 했고, 원의 공주와 결혼해야 했지. 어릴 때부터 원나라에서 자라고, 결혼한 후에도 원나라에 머물다가 고려에 와서 왕이 된 임금들은 원나라에 대한 적대감이 없었어. 또 부인의 나라였기에 친근한 느낌을 가지게 되었지. 두 나라 지배층은 이렇게 혼인 관계를 통해 친해졌어. 하지만 원나라는 고려의 왕이 마음에 들지 않으면 자기들 마음대로 왕을 바꾸기도 했어. 이처럼 원은 직접 고려를 다스리지는 않았지만, 왕실을 자기편으로 끌어들여 고려의 내정을 조종할 수 있었던 거야.

원은 고려 왕실에서 쓰는 용어나 정치 조직에 관한 이름을 자기들이 쓰는 것과 다르게 고치도록 하고 조직도 바꾸도록 했어. 황제의 나라와 왕의 나라는 격이 달라야 한다는 거야. 그래서 고려 임금의 이름에 '조'나 '종'을 쓰지 못하게 하고 왕이라고 부르도록 했어. 원종 이후에 고려 왕의 이름이 충렬왕이나 충선왕이 된 것이 그 때문이야. 앞에 '충(忠)' 자는 원에 충성하라는 의미였지. 이 밖에도 원은 정동행성이라는 기구를 만들고 다루가치를 보내 내정을 감시하게 했어. 정동행성은 원이 일본 침공을 준비하기 위한 기구로 시작되었는데, 실질적인 내정 간섭 기구는 아니었지만 상징적으로 간섭 기구 역할을 했어.

원은 고려의 땅 일부를 직접 지배하기도 했어. 영흥과 함흥 일대 여진족이 많이 살던 곳에 쌍성총관부를 설치하고, 자비령 이북 서경 일대에는 동녕부를 두어 자신들이 직접 다스렸어. 제주도에도 탐라총관부를 두었지. 그 밖의 다른 곳은 고려의 왕이 통치하도록 했지만, 많은 영토를 빼앗긴 것과 마찬가지였어.

원의 경제적 수탈

원나라는 정치적 간섭과 함께 경제적으로도 고려를 수탈했어. 먼저 원은 황실 운영에 필요한 사람을 충당하기 위해, 고려의 여자들을 데려가 시녀로 썼어. 이렇게 원에 끌려간 여자들을 공녀라고 해. 공녀란 '공물로 바치는 여자'라는 뜻이야. 앞(160~161쪽)에서 보았던 것이 원나라가 고려에서 공녀를 데려가는 모습이야. 이 때문에 고려에서는 딸을 공녀로 보내지 않기 위해, 일찍 결혼시키는 조혼 풍습이 생기기도 했어. 이렇게 끌려간 공녀들은 대부분 노예와 다름없는 생활을 했어. 하지만 공녀 중에서 황제의 후궁이 되어 권력을 누리게 된 인물도 있었지. 그중에서 황제의 부인인 황후의 자리에까지 오른 경우도 있었는데, 바로 기황후가 그런 인물이야. 기황후는 원나라의 황후라는 지위를 이용해서, 자신의 오빠 기철을 높은 관직에 오르게 하는 등 고려 정치에도 크게 간섭을 했어. 또 원은 고려에서 환관도 데려갔어. 궁중에서 일하는 남자 신하로 여자와 결혼하여 자식을 낳을 수 있는 능력이 없게 된 사람을 환관이라고 해. 이들은 정식 관원이 되지는 못했지만, 황제나 황후를 가까이에서 모시면서 큰 권력을 누리는 경우도 있었어.

원은 사람뿐만 아니라 공물도 끝없이 요구했어. 금과 은, 도자기, 옷감, 호랑이 가죽, 해동청 등을 엄청나게 가져갔지. 해동청은 고려의 보라매를 말하는데, 보라매는 사냥에 쓰는 매야. 원나라 사람들은 매사냥을 좋아했는데, 매사냥이란 야생의 매를 길들여서 꿩이나 토끼 같은 짐승을 사냥하는 거야. 고려의 보라매가 사냥을 잘해서 인기가 많았단다.

고려를 정복한 원은 일본도 정복하고자 했어. 그런데 원의 군대는 육지에서는 천하무적이었지만 바다에서의 싸움에는 익숙하지 않았어. 그래서 바다 건너 일본을 공격하기 위해, 바다 싸움에 능한 고려의 군대와 전선을 동원하려 했지. 고려는 오랜 전쟁을 겪은 뒤였으므로 전선을 새로 만들고 병력을 구하기가 어려웠지만, 원의 요구대로 수천 척의 배를 만들고 수많은 군사들을 동원하여 도울 수밖에 없었어.

충렬왕 때인 1274년 거제도 일대에 집결한 고려군과 원나라 군대는 일본으로 쳐들어갔어. 일본의 하카다 항구에 상륙한 고려와 원나라 연합군은 해

안 지역을 장악하였으나, 일본의 저항이 거세어 쉽게 앞으로 나아가지 못했어. 낮에는 해안에 상륙하여 싸우고 저녁에는 전선으로 철수하여 지키는 식으로 전투를 벌였지. 그러던 중 갑자기 태풍이 불어 닥쳐 많은 전선을 잃게 되자, 연합군은 철수할 수밖에 없었어.

1차 침공의 실패에도 불구하고 많은 준비를 한 원은 1281년에 다시 일본을 침공했어. 1차 침공 때보다 훨씬 많은 전선과 병력을 동원했지만, 역시 태풍 때문에 실패하고 말았지. 일본은 태풍 덕분에 고려와 원나라 연합군의 침공을 물리칠 수 있었어. 그래서 일본에서는 태풍을 '신이 보낸 바람'이라 하여 '신풍(神風:가미카제)'이라고 불렀어.

여러 가지 면에서 원과 접촉이 많아지면서 고려는 문화적, 사회적으로 많은 영향을 받았어. 원나라의 풍속이나 언어, 복식 등이 고려에 전해졌지. 왕과 왕비나 높은 관리들을 부를 때 쓰는 '마마', 임금의 식사를 가리키는 '수라' 등은 원래 원나라 황실 용어였어. 그것이 고려에 전해져 일반적으로 쓰이게 된 거야. 또 군사 지휘관의 명칭이나 갑옷과 투구를 비롯한 복장도 많이 바뀌었는데, 이러한 모습은 조선 시대까지 이어졌단다.

> 고려와 원나라 연합군의 일본 원정을 그린 그림인데, 일본에서 그린 거야. 앞에 보이는 세 명의 병사를 고려군으로 추측하고 있어.

원의 간섭과 고려의 자주성 회복 노력

원에 의지하는 세력의 성장

고려에 대한 원의 정치적 간섭이 커지면서, 원나라에 기대어 권세나 재산을 늘리려는 사람들이 생겨났어. 몽골어 통역관이나 매를 잡아 몽골에 바치던 응방이라는 기관의 관리, 원나라 황궁에서 궁녀나 환관으로 일하는 사람의 가족, 또 원나라 황실과 혼인한 사람의 가족들이었지. 이들은 원의 권세를 뒤에 업고 많은 땅과 높은 관직을 차지했어. 이들을 '권문세족'이라고 하는데, '대대로 권세를 부리는 집안'이라는 뜻이야.

원래 고려에는 10명 정도의 고위직 문신과 무신들이 모여서 국가의 중요한 정책을 논의하는 도병마사라는 기구가 있었어. 그런데 원의 간섭을 받으면서 기능이 늘어나 구성 인원이 70~80명이 되었고, 이름도 도평의사사로 바뀌었지. 문제는 최고 행정 기구가 된 도평의사사의 중요한 자리를 권문세족이 차지하고 나라의 일을 마음대로 처리했다는 거야.

권문세족은 자기들의 힘을 이용하여 다른 사람의 토지를 빼앗거나, 주민들을 시켜 개간하도록 하여 땅을 넓혀 갔어. 그 넓이가 얼마나 넓은지 산천을 경계로 할 정도였다고 해. 눈에 보이는 곳은 모두 한 집안의 땅이었다고

하니, 얼마나 넓은 땅을 차지하였는지 알 수 있겠지? 이들은 억지로 농민들을 노비로 만들어 자기들의 땅을 경작하도록 했어. 세금 부담 때문에 살기가 어려워진 농민들이 스스로 농장에 들어가는 경우도 있었지. 이같이 개인이 차지한 땅이 늘어나고 이에 속한 주민이 많아지자, 나라에서는 세금을 거두기도 어려웠고 국방에 필요한 군인을 동원하기도 곤란했어. 권문세족이 권력을 내세워 세금도 내지 않고 군사 동원도 거부했기 때문이야.

고려의 자주성 회복 노력과 좌절

고려는 원의 침공에 대항하여 오랫동안 싸웠지만, 항복한 이후로는 원과 별다른 마찰 없이 평화로운 관계를 유지했어. 원나라도 고려에 대한 간섭을 점차 줄여 나갔지. 원 황실과 고려 왕실의 사이도 좋았기 때문에, 원의 입장에서도 굳이 고려의 내정에 깊이 간섭할 필요가 없었던 거야. 하지만 고려가 언제나 원나라의 말대로 움직였던 건 아니야. 고려의 왕들은 기회가 있을 때마다 원이 차지한 영토를 돌려 달라고 요구했고, 원의 간섭에서 벗어나 독자적인 정책을 펴려고 노력했어.

충렬왕은 즉위 초부터 영토를 되찾기 위한 노력을 기울였어. 오랜 기간의 노력 끝에 원이 직접 지배하던 서경 일대의 동녕부와 제주도의 탐라총관부를 다시 회복했지. 충렬왕의 뒤를 이은 충선왕은 원의 내정 간섭을 거부하고 국왕의 권위를 회복하려고 했어. 원의 간섭을 없애려면 먼저 그들에게 빌붙어 세력을 키운 권문세족의 힘을 약화시켜야 했어. 이 때문에 충선왕은 강제로 노비가 된 사람들을 양인으로 신분을 회복시켜 주고, 권문세족에게 빼앗긴 땅을 원래의 주인에게 돌려주는 정책을 추진하고자 했어. 그러나 권문세족의 반발과 원의 간섭 때문에 성공하지 못했어. 충선왕에 이어 충숙왕, 충목왕도 같은 방향의 개혁을 추진했지만 역시 좌절하고 말았지. 당시 권력을 가지고 있던 사람들이 원과 밀접한 관계를 맺고 있었기 때문에, 원의 세력이 강성했던 시기에는 개혁이 성공할 수 없었던 거야.

몽골풍이란 무엇인가요?

고려가 원나라에 항복하면서 고려에 대한 원의 간섭이 심해졌어. 이에 따라 원(몽골)에서 들어온 풍속이 고려 사회에 퍼지게 되었는데, 이를 몽골풍이라고 해. 이런 몽골풍은 지금까지도 많이 남아 있어.

대표적인 것으로 '장사치'나 '벼슬아치' 등 사람을 가리키는 '치'라는 말과 임금의 식사를 가리키는 '수라', 높은 사람을 가리키는 '마마' 등의 말이 있어.

또 혼례 때 신부가 쓰는 족두리와 얼굴에 바르는 연지 등의 물품이나 설렁탕, 만두, 소주 등의 음식도 몽골의 영향을 받은 것이지.

<말>
벼슬아치
장사치
수라
마마

<문화>
연지
쪽두리

<음식>
설렁탕
만두
소주

그 밖에도 몽골의 머리 모양인 변발이나 몽골식 옷도 한동안 고려에서 유행했어. 공민왕 때 변발이나 몽골식 옷을 금지했지만, 사회에 널리 퍼진 몽골풍은 쉽게 사라지지 않고 오랫동안 남아 있었단다.

아직까지도 남아 있는 걸 보면 풍속이란 쉽게 사라지지 않는 거네요!

생각 넓히기

  생각해 보기

다음은 원과 전쟁이 끝난 뒤에 고려에서 있었던 일을 설명하는 글이야. 이처럼 자주성을 회복하려는 왕들의 노력이 실패한 이유가 무엇인지 생각해 보자.

> 전쟁이 끝나고 원의 간섭을 받으며 지내던 시기에, 몇몇 왕들은 원의 간섭을 벗어나 독자적인 정책을 펼치려고 했다. 나라의 자주성을 회복하려는 노력이었다. 하지만 이런 노력은 번번이 실패하고 말았다.

 활동해 보기

다음을 보고 공녀로 가지 않기 위해 어린 나이에 결혼을 하게 된 어린 신부의 마음은 어땠을지 상상하여 써 보자.

 원나라는 고려의 여자들을 데려가서 황실의 시녀로 썼는데, 이를 공녀라고 한다. 고려에서는 자기 딸이 공녀로 원나라에 끌려가는 것을 피하기 위해, 어린 나이에 결혼을 시키게 되었다. 이를 일찍 결혼한다는 뜻에서 '조혼'이라고 하는데, 조혼 풍습은 이때부터 생겨난 것이다.

# 14장 공민왕의 개혁 정치

여기는 고려 공민왕 때의 개경이야. 사람들이 벽보를 보고 좋아하고 있어.
그런데 한쪽에는 불만에 가득 찬 얼굴을 하고 있는 사람들도 있네.
저 벽보의 내용이 무엇이길래 사람들이 저러고 있는 걸까?

공민왕의 자주성 회복 노력

　원나라의 간섭에서 벗어나 고려의 자주성을 되찾으려는 정책은 공민왕이 왕위에 오르면서 더욱 적극적으로 추진되기 시작했어. 공민왕은 10년 동안이나 원나라에 머물다가, 원의 공주인 노국 공주와 결혼하고 고려의 31대 왕으로 즉위했어. 그런데 마침 중국의 상황이 공민왕에게 유리하게 돌아갔지. 당시 중국에서는 원의 지배에 반발하는 한족들이 곳곳에서 반란을 일으켜 원의 세력이 쇠퇴하고 있었어. 이러한 시기에 임금이 된 공민왕은 원의 힘이 약해지는 것을 보고, 적극적으로 원나라에 대항하는 정책을 폈던 거야.

　공민왕은 원나라 황실의 노국 공주와 결혼했지만, 고려의 왕이라는 점을 더 중요시했어. 그의 부인인 노국 공주도 원나라 사람이었지만 이전의 왕비들과는 달랐지. 고려에 올 때부터 남편인 공민왕에게 고려의 고유한 문화를 지키고 자주적인 정책을 펴야 한다고 조언했다고 해. 노국 공주의 도움으로 공민왕은 원나라에 대항하는 여러 가지 개혁을 실시할 수 있었어.

　왕위에 오른 공민왕은 몽골풍의 옷을 입지 못하게 하고 변발도 하지 못하게 했어. 그리고 원나라 기황후의

공민왕과 노국 공주의 모습을 그린 그림이야. 노국 공주는 원나라 사람이었지만, 공민왕의 개혁 정책을 지지해 주었어.

공민왕의 개혁 정치　175

오빠인 기철 등 원나라와 결탁한 세력도 제거했어. 뒤이어 고려 정치에 간섭하던 정동행성 이문소를 없애 버렸어. 정동행성 이문소는 원이 만든 정동행성의 기구 중 하나였는데, 친원 세력의 이익을 대변하는 곳이었지. 또 원이 철령 이북의 땅을 다스리기 위해 세웠던 쌍성총관부를 공격하여 무너뜨리고, 원에게 빼앗겼던 땅을 되찾았어. 그런데 공민왕이 쌍성총관부를 공격할 때, 이 지역의 실력자였던 이자춘이 큰 도움을 주었어. 이자춘이 누구인지 아니? 바로 나중에 조선을 세운 이성계의 아버지야. 이때의 공으로 이자춘과 이성계는 개경의 중앙 정치 무대에 진출할 수 있었단다.

공민왕이 이처럼 여러 가지 개혁 정책을 펼쳤지만 어려움도 많았어. 먼저 홍건적이라는 외적이 쳐들어와서 큰 어려움을 겪었어. 홍건적은 머리에 붉은 두건을 쓰고 있다고 해서 붙여진 이름이야. 이들은 원나라의 지배에 대항하여 반란을 일으킨 한족 무리인데, 원의 군사들과 싸우다 불리해지자 고려로 쳐들어온 거야. 두 차례에 걸친 홍건적의 침입으로 고려는 큰 피해를 입었지. 또 여전히 고려의 권력과 경제력을 장악하고 있던 권문세족들의 반발도 컸어. 이들은 공민왕의 개혁 정책에 반대하여, 홍건적의 침입으로 나라가 흔들리고 있을 때에 반란을 일으키기도 했어.

신돈을 앞세운 개혁 정치

 여러 어려움 속에서도 공민왕의 개혁 정책은 계속됐어. 공민왕은 개혁을 추진하기 위해 신돈이라는 승려를 등용했어. 공민왕이 신돈을 등용한 이유는 그가 권문세족과 전혀 이해관계가 없는 사람이라는 거였어. 또 다른 신하들과 달리 승려인 신돈은 자신의 이익을 추구하지 않는다고 생각했지. 이 때문에 개혁 정책을 펼치는 데 신돈이 가장 적합하다고 생각했던 거야.

 공민왕이 신돈과 함께 가장 먼저 한 일은 억울하게 빼앗긴 땅을 원래의 주인에게 돌려주고, 강제로 노비가 된 사람을 구제하는 일이었어. 이를 위해 전민변정도감이라는 관청을 설치했지. 그 덕분에 빼앗긴 땅을 다시 되찾고, 노비의 신분에서 벗어난 사람들은 크게 기뻐했어. 앞(172~173쪽)에서 보았던 것이 전민변정도감에서 내린 벽보를 보고 백성들이 좋아하는 모습이야. 물론 이 정책으로 땅과 노비를 빼앗기게 된 권문세족들은 불만이 많았어. 그런데 공민왕은 왜 이런 정책을 펼쳤을까? 이는 권문세족들의 경제

적 기반을 없애 그들의 힘을 약하게 만들기 위한 거였어. 또한 양인을 늘려 세금을 걷음으로써, 나라의 재정을 튼튼하게 만들려는 의도도 있었지.

그 밖에도 최고의 교육 기관인 성균관을 다시 세워 인재를 길러 내도록 했어. 전에는 성균관에 기술을 가르치는 분야도 있었지만 이를 따로 떼어 내고, 성균관을 순수한 유교 교육 기관으로 개편한 거야. 이를 통해 이색, 정몽주, 정도전 등 뛰어난 인재들이 유교를 깊이 공부할 수 있게 되었지. 이들은 유교적 소양과 정치적 능력을 갖춘 신진 사대부로 성장하였고, 이후 조선 왕조를 세우고 체제를 정비하는 과정에서 중요한 역할을 하게 된단다.

개혁의 좌절

공민왕의 신임을 등에 업고 신돈이 주도하던 개혁은 권문세족의 강력한 저항에 부딪혔어. 신돈이 펼치는 정책대로 되면 결국 권문세족들은 다 망하게 될 테니 필사적으로 저항했던 거야. 게다가 개혁 정책에 찬성하던 신진 사대부마저 신돈을 비판하기 시작했어. 유교를 신봉하는 신진 사대부들로

개성에 있는 공민왕과 노국공주의 무덤인 현릉과 정릉이야. 살아 있을 때 다정했던 것처럼 무덤도 나란히 붙어 있어.

서는 승려인 신돈이 나랏일을 좌지우지하는 게 못마땅했고, 권세가 커지면서 신돈이 독재적인 정치를 펼쳤거든. 신돈에 반대하던 권문세족들은 공민왕에게 신돈이 역모를 꾸몄다고 일러바쳤어. 그러자 공민왕은 신돈을 처형하고 말았지. 공민왕은 왜 신돈을 처형했을까? 공민왕도 신돈의 힘이 너무 커지는 것을 두려워했기 때문이야. 부인인 노국 공주가 아기를 낳다가 죽은 후부터 정치에 뜻을 잃었던 공민왕은, 신돈이 죽은 후에 모든 것을 포기하고 향락만 일삼았어. 그러다가 결국 신하에게 죽임을 당하고 말았지. 이렇게 해서 공민왕이 시작했던 개혁은 모두 중단되고 말았어.

공민왕이 죽은 후에 권문세족의 힘이 다시 커졌어. 이들은 남의 땅을 함부로 빼앗거나 농민들을 억지로 노비로 삼아 자신들의 재산을 늘렸어. 또 이들은 원나라와 다시 친하게 지내려 했어. 이 때문에 중국에서 새로 일어나 원나라를 밀어내고 위세를 떨치던 명나라와 사이가 나빠졌지. 게다가 해안 지역에는 왜구들의 침략이 끊이지 않았어. 여러 가지로 백성들의 생활은 더욱 어려워졌어.

공민왕의 개혁이 성공하지 못한 이유는 개혁을 추진할 세력이 충분히 성장하지 못했기 때문이었어. 권문세족에 맞설 수 있는 세력이 없는 상태에서, 왕이나 한 개인의 노력만으로는 개혁을 이루기 어려웠던 거지. 그러나 유교 교육을 강화하면서 길러 낸 인재들과 홍건적 및 왜구들과 싸우면서 위세가 높아진 장군들이 힘을 합쳐 다시 개혁을 추진하고, 나중에 조선 왕조를 여는 주역이 되었으니 공민왕 때의 노력이 헛된 것만은 아니었어.

인물 탐구

노국 공주는 어떻게 공민왕의 개혁 정책을 도왔나요?

공민왕의 부인인 노국 공주는 원나라 공주였어. 공민왕이 원나라에 볼모로 가서 살았을 때 그와 결혼했지. 공민왕이 고려 왕이 되어 귀국할 때 노국 공주도 함께 왔는데, 공민왕의 개혁 정책에 찬성했다고 해.

그 덕분에 공민왕은 고려에서 몽골식 풍속이나 복식을 금지하고, 과감한 개혁을 추진할 수 있었어. 또 노국 공주는 반란군이 공민왕을 해치려고 할 때, 기지를 발휘해서 공민왕의 목숨을 구하기도 했지.

당신은 고려 사람이고 고려의 임금이니, 원나라의 간섭을 벗어나 고려를 위한 정치를 하세요. 저도 돕겠습니다.

고맙소!

개혁
안 돼!

그러다 결혼 후 16년 만에 얻은 아이를 낳다가 노국 공주가 죽고 말았어. 진심으로 사랑하는 부인을 잃은 공민왕은 크게 상심했어. 노국 공주를 그리워하며 슬픔에 빠져 살면서, 나라를 다스리는 일은 전혀 하지 않았지. 벽에 노국 공주의 그림을 걸어 놓고 식사할 때에도 그림을 마주하고 밥을 먹었다고 해.

결국 방탕한 생활과 이상한 행동을 거듭하던 공민왕은 신하에게 암살당하고 말았어. 그렇게 해서 공민왕이 추진하던 개혁 정책도 모두 끝나고 말았단다.

흑흑

노국 공주가 일찍 죽어 개혁 정책이 중단된 것이 안타깝네요!

생각 넓히기

1 생각해 보기

다음은 공민왕이 왕위에 올라 펼친 정책들이야. 공민왕이 다음과 같은 정책을 실시한 이유가 무엇인지 생각해 보자.

- 몽골식 복장을 금지한다!
- 원나라와 결탁한 세력을 제거하라!
- 정동행성 이문소를 없애라!
- 쌍성총관부를 공격하여 빼앗긴 땅을 되찾자!

_____
_____
_____
_____
_____

2 활동해 보기

공민왕은 신돈과 함께 개혁 정책을 펼쳤어. 다음과 같은 공민왕과 신돈의 개혁 정책에 대해 농민과 권문세족의 반응을 상상하여 써 보자. 또 왜 그런 정책을 실시했는지 그 이유도 써 보자.

"억울하게 빼앗긴 땅을 되찾아 주고, 강제로 노비가 된 사람은 노비에서 벗어나게 해 주겠다!"

_____
_____
_____

15장 홍건적과 왜구의 침입과 극복

여기는 고려 시대의 진포라는 곳이야. 금강 하구에 있는 곳이지. 고려 수군이 한창 전투를 벌이고 있어. 고려 수군의 배에서 화포가 불을 뿜고, 상대방의 배들은 불타고 있어. 저들은 누구이고, 왜 전투를 벌이고 있는 걸까?

홍건적의 침입과 극복

원나라의 간섭에서 벗어나기 위해 공민왕이 여러 가지 개혁 정책을 추진했는데, 이 과정에서 어려움이 많았다고 했어. 원나라의 반대도 있었고, 가지고 있던 권력을 잃게 된 권문세족들도 강하게 반발하여 나라가 혼란스러워졌지. 이에 못지않게 고려에 큰 피해를 준 것이 바로 외적의 침입이야. 북쪽에서는 홍건적이 쳐들어왔고, 서남해안에서는 왜구들이 침입하여 많은 어려움을 겪었어.

홍건적은 몽골족이 세운 원나라가 중국을 지배하는 것에 저항하여 봉기한 한족의 반란군들이었어. 붉은 두건을 머리에 쓰거나 붉은 천을 옷깃에

붙여 자신들의 상징으로 사용하였기 때문에, 홍건적 혹은 홍두적이라 불렸던 거야. 홍건적은 북중국과 요동 지역에서 기세를 떨쳤지만, 원의 공격을 받아 쫓기게 되자 고려에까지 쳐들어왔어. 공민왕 때인 1359년에 홍건적 4만 명이 일시에 쳐들어와 서경이 함락되었지. 그렇지만 이방실과 안우가 이끄는 고려군이 이들과 맞서 싸워, 2만여 명을 죽이는 등 대승을 거두었어.

이후에도 홍건적은 배를 타고 황해도와 평안도 일대에 산발적으로 출몰하면서 약탈을 일삼았어. 그러다가 1361년 10월에 다시 대규모로 쳐들어왔는데 그 수가 10만 명이 넘었어. 이들은 개경을 함락시키고 몇 개월 동안 약탈을 자행했어. 공민왕은 안동까지 피신할 수밖에 없었지. 그러나 전열을 정비한 고려군은 이듬해 1월에 안우, 최영, 이성계 등이 개경을 포위하고 홍건적과 싸움을 벌였어. 이때 이성계는 2천여 명의 정예 병사들을 이끌고 앞장서서 공격하여 큰 공을 세웠어. 고려군에 쫓긴 홍건적 대부분은 섬멸되었고, 일부만이 압록강을 건너 도망칠 수 있었지.

고려는 두 차례에 걸친 홍건적의 침입을 막아 냈지만, 싸움이 벌어진 서북 지역은 물론이고 이들이 오랫동안 머물면서 약탈을 벌인 개경 일대가 황폐화되는 등 큰 피해를 입었어. 홍건적이 침입하지 않았던 곳도 군대 동원에 필요한 인원과 물자를 대느라고 어려움이 많았어.

왜구의 침입과 극복

왜구들이 본격적으로 고려 해안에 나타나기 시작한 것은 1350년경부터였어. 왜구는 일본의 해적을 가리키는 말이야. 왜구들은 일본에서 배를 타고 우리나라로 와서 해안에 상륙하여 사람들을 죽이고 재물을 약탈해 갔지.

1392년까지 매년 12회 이상 침입을 했고, 우왕 때에는 1년에 27회나 침입을 했다고 해. 당시 일본이 어지럽고 혼란스러운 상황이었기 때문에, 변방의 하급 무사와 농민들이 해적이 되었던 거야. 왜구 중에는 살기 어려워진 해안 지역의 주민들도 있었어. 그들은 스스로 해적이 되거나 왜구의 포로가 되었다가 해적이 된 경우였지.

큰 규모의 왜구는 단순한 해적 떼가 아니라, 쓰시마섬을 다스리는 도주 등이 직접 조종하는 잘

조직된 군사 집단이었어. 이들은 수백, 수천 명 단위로 수십 척에서 수백 척에 이르는 배에 나누어 타고 고려의 해안 지역에 침입했어. 왜구들은 주로 식량을 약탈하기 위해 조운선이나 조창을 습격했어. 조운선은 세금을 운반하는 배이고 조창은 세금을 보관하는 창고인데, 당시에는 세금을 곡식으로 냈기 때문에 식량을 빼앗기 위해 이들을 공격한 거야. 그러다가 나중에는 주민들을 잡아다 강제로 일을 시키거나 노예로 팔기도 했지.

왜구가 출몰한 곳은 주로 경상, 전라, 충청도 해안 지역이었지만, 평안도와 함경도에 이르기까지 출몰하지 않는 곳이 없을 지경이었어. 심지어는 개경 부근에 나타나기도 했어. 왜구의 침략이 계속되자 주민들은 내륙 지역으로 옮겨 가서 살기도 했지. 이에 따라 해안이나 섬은 텅 빌 지경이 되었고,

세금을 제대로 거둘 수 없어 국가의 재정도 빈약해졌어. 개경도 위협을 받아 한때 도읍을 내륙에 있는 철원으로 옮겨야 한다는 주장이 나올 정도였어.

이처럼 피해가 커지자 조정에서는 적극적으로 왜구를 토벌하기 위해 군대를 동원하기로 했어. 원래 고려에서는 왜구를 잘 달래서 침입하지 않도록 하려고 했어. 또 일본 정부에 왜구를 막아 달라고 요청하기도 했지. 하지만 이런 방법이 효과를 거두지 못하자 강경하게 대응하기로 한 거야. 우왕 때인 1376년, 지금의 충청남도 홍성 지역인 홍산에 대규모의 왜구가 침입하자 이에 맞서 최영이 부하들을 이끌고 나섰어. 최영은 이미 나이가 들어 머리가 하얗게 세었는데도 직접 앞장서서 용감하게 싸웠어. 이 전투에서 최영은 화살을 맞고도 군사들을 지휘하여 큰 승리를 거두었지. 이 싸움을 홍산 대첩이라고 하는데, 그 후로 왜구들은 최영이 나타나면 '백수만호가 나타났다.'고 하면서 도망치기에 바빴다고 해. 백수만호란 '머리가 하얀 장군'이란 뜻이야.

1380년에는 두 번에 걸쳐 왜구를 크게 무찔렀어. 바다와 육지에서 왜구

최영이 왜구를 물리친 홍산 대첩 싸움을 그린 기록화야. 백발을 날리며 싸우는 최영 장군의 모습이 생생하게 표현되어 있어.

한 놈도 살려서 보내지 마라!

의 기세를 꺾은 큰 싸움이었지. 이 해에 왜구의 선박 5백 척이 진포에 침입했는데, 왜구들이 육지에 상륙하여 약탈하고 있는 동안 나세와 최무선이 이끄는 고려 수군이 이들을 해상에서 공격하여 5백 척의 전선을 모두 불태워 버렸어. 앞(182~183쪽)에서 보았던 것이 진포에서 화포를 이용한 공격으로 왜구들의 배를 불태워 버리는 모습이야. 백 척의 배로 5백 척의 배를 물리친 큰 승리였어. 이를 진포 대첩이라고 해. 최무선이 개발한 화포가 큰 위력을 발휘한 전투였지.

그러자 배를 잃은 왜구들은 약탈과 살육, 방화를 더 극심하게 벌였어. 이에 이성계와 변안열 등이 이끄는 고려군이 황산에서 이들과 맞서 싸우게 됐지. 당시 왜구의 장수인 아지발도는 전신을 감싸는 갑옷과 튼튼한 투구를 쓰고 고려 군사들을 마구 공격했어. 그는 나이는 어렸지만 워낙 용맹이 뛰어나 고려의 군사들이 대적하기 어려웠어. 그때 고려의 지휘관인 이성계가 말을 타고 나가서 활을 쏘아 아지발도의 투구 끈을 맞추었어. 투구가 떨어지고 맨 얼굴이 드러나자, 곧바로 이성계의 부하 이지란이 활을 쏘아 아지

황산 대첩이 벌어졌던 곳에 있는 넓은 바위야. 왜구들이 흘린 피가 바위를 적셔 붉게 물들었다고 해서 피바위라고 불러.

발도의 얼굴에 명중시켰지. 장수를 잃은 왜구들은 고려군에게 쫓겨 도망가기에 바빴고, 고려군은 큰 승리를 거두었어. 이 전투가 황산 대첩이야. 이 싸움에서 왜구들은 거의 다 죽었고, 그들이 흘린 피 때문에 냇물 색깔이 붉게 변해 6~7일 동안 사람들이 물을 마실 수 없을 정도였다고 해. 이후에도 왜구의 침입이 계속되자 고려는 1389년에 박위를 시켜 쓰시마섬을 직접 공격했어. 그 후로 왜구의 침입은 크게 줄어들었어.

화약 무기의 개발

진포 대첩에서 최무선이 개발한 화포가 큰 위력을 발휘했다고 했지? 고려가 왜구의 침입을 막아 내기 위해서는 화약 무기를 개발할 필요가 있었어. 배를 타고 한꺼번에 몰려와 해안 지역의 마을들을 약탈하고 사라지는 왜구를 무찌르려면, 바다에서 왜구의 배를 공격하여 태워 버리는 것이 가장 효과적이었기 때문이야. 그렇지만 최무선이 화약을 개발하기 전까지 고려에서는 화약 만드는 법을 아무도 몰랐어. 최무선은 오랫동안 화약을 만들기 위해 노력했지만 성공하지 못했어. 결국 중국인 상인을 통해 기술을 알아내

서 화약 개발에 성공하게 되었지. 그 뒤에 고려는 화통도감이라는 기구를 설치해서 화포 등 여러 가지 화약 무기를 개발했고, 왜구와 싸울 때 사용했어. 진포 대첩에서의 큰 승리를 시작으로 관음포 해전, 쓰시마섬 정벌 등에서 화약 무기는 큰 위력을 발휘했어.

홍건적과 왜구의 침입으로 고려는 큰 피해를 입었어. 많은 사람이 죽었고 물질적으로도 큰 손해를 보았지. 하지만 그 과정에서 화약 무기가 개발되어 이후에도 계속 사용할 수 있게 되었고, 최영이나 이성계 등 큰 공을 세운 장군들이 국민적 영웅으로 떠올랐어. 또 전투에 참가한 군인들이 그 공에 따라 관직을 받아 지방 사회를 주도하는 관리층이 되었어. 장군들과 공을 세워 관리가 된 사람들은 나중에 고려 사회를 변혁시키는 중요한 세력으로 떠오르게 된단다.

이성계가 크게 승리를 거둔 황산 대첩을 기리기 위해 조선 시대에 황산 대첩비를 세웠어. 그런데 우리나라를 강제로 합병하여 식민지로 만들었을 때, 일본은 자신들이 패배한 기록을 남기지 않기 위해 비석을 깨

이성계가 황산에서 왜구를 물리친 것을 기념하기 위해 만든 황산 대첩비야. 일본은 자신들이 패배한 기록을 없애기 위해, 우리나라를 지배하던 시절에 비를 깨뜨려 땅에 묻었어. 왼쪽이 파손된 비의 모습이야. 오른쪽은 후에 다시 만든 비석이야.

홍건적과 왜구의 침입과 극복

뜨려 땅에 묻었지. 우리나라에서는 해방 후 깨진 비석 대신에 더 큰 비석을 새로 만들어 세웠어.

인물 탐구

최무선은 어떻게 화약 무기를 개발하게 되었나요?

최무선이 화약을 개발하기 전까지 고려에는 화약 무기가 없었어. 원나라에는 화약 무기가 있었지만, 화약 만드는 법을 고려에 알려 주지 않았거든. 최무선은 왜구를 물리치려면 화약 무기가 필요하다고 생각하여, 혼자 화약을 만들기 위해 노력했어.

하지만 화약 만드는 데 꼭 필요한 염초라는 물질을 만들 수 없었어. 최무선은 중국에서 온 이원이라는 상인을 알게 되었는데, 그가 염초 만드는 법을 알고 있었어. 최무선은 이원을 설득하고 연구를 거듭해서, 20년 만에 드디어 화약을 만드는 데 성공했지.

화약을 만드는 데 성공한 최무선은 화약 무기를 만드는 관청을 세워 달라고 요청하여, 화통도감이 설치되었어. 화통도감의 책임자가 된 최무선은 화포 등의 화약 무기를 개발했어.

최무선은 화포를 배에 실어 왜구의 배를 공격했어. 원래 육지에서 쓰는 화포를 배에 실어 사용한 건 진포 싸움이 처음이었는데, 여기서 아주 큰 승리를 거두었지. 이후에도 화포를 이용하여 왜구를 크게 물리쳤단다.

생각 넓히기

1  생각해 보기

다음 지도는 고려 말기 홍건적과 왜구의 침입을 나타낸 지도야. 지도를 보고 그 당시 고려 상황이 어땠을지 생각해 보자. 또 백성들의 생활은 어땠을지도 생각해 보자.

2 활동해 보기

다음은 고려 말기에 활약했던 최무선의 인물 카드야. 카드의 내용을 완성해 보자.

앞면

뒷면

16장 고려의 문화유산

여기는 고려 시대의 강화도야. 많은 사람들이 스님들과 함께 줄을 지어 어디론가 가고 있어.
그런데 무엇인가를 머리에 이기도 하고 등에 지기도 하고 달구지에 싣기도 했네.
저게 무엇인데 저렇게 소중하게 가지고 가는 걸까?

1251	1376	1380	1388
팔만대장경을 완성하다.	최영이 홍산에서 왜구를 물리치다.	이성계가 황산에서 왜구를 물리치다.	이성계가 위화도에서 군사를 돌리다.

팔만대장경과 고려의 인쇄술

고려는 오랜 기간에 걸친 몽골의 침입으로 크게 고생했어. 우리가 잘 알고 있는 팔만대장경은 바로 그때 만들어졌어. 고려 사람들은 외적의 침입으로 나라가 어려울 때면 대장경을 만들었어. 거란의 침입을 받았을 때는 초조대장경을 만들었고, 이것이 몽골군의 공격으로 불타 버리자 이번에는 팔만대장경을 만들었지. 왜 전쟁으로 어려울 때 대장경을 만들었을까? 고려는 불교의 나라였어. 어려울 때면 부처에 의지하여 위기를 극복하려 했어. 그래서 이번에도 부처의 힘으로 몽골의 침략을 물리치고자 팔만대장경을 만든 거야. 1236년에 시작되어 1251년까지 16년에 걸쳐 만들어진 팔만대장경은 고려 시대 목판 인쇄술의 결정판이야. 고려의 우수한 문화 수준을 보여 주는 것이라고 할 수 있지. 앞(194~195쪽)에서 보았던 것이 이렇게 만든 팔만대장경을 강화도에 있는 장경각으로 옮기는 모습이야. 어려운 환경 속에서 힘들게 만든

왼쪽은 초조대장경판으로 찍어 낸 인쇄본이고, 오른쪽은 팔만대장경판의 모습이야. 대장경판에 먹을 칠하고 그 위에 종이를 놓고 인쇄하는 거야.

고려의 문화유산

팔만대장경이 보관되어 있는 합천 해인사의 장경판전이야. 대장경판을 잘 보관하기 위해, 통풍이 잘되고 온도와 습도가 조절되도록 만들었어.

것이기에 그렇게 소중히 운반했던 거란다. 팔만대장경은 1996년에 유네스코 세계 기록 유산으로 등록되었으며, 현재는 경상남도 합천의 해인사 장경판전에 보관되어 있어.

우리나라에서는 신라 시대부터 목판 인쇄 기술이 발달하기 시작했어. 목판 인쇄는 잘 다듬은 나무판에 글자를 거꾸로 새겨 넣고 먹물을 묻힌 후, 종이를 대고 찍어 내는 방식의 인쇄술이야. 판화랑 비슷하다고 할 수 있지. 고려 시대에 들어와 지식에 대한 요구가 커지고 불경 간행도 활발해지면서, 목판 인쇄가 더욱 발달했어. 이러한 목판 인쇄의 발달이 팔만대장경을 만드는 힘이 되었던 거야.

고려 시대에는 목판 인쇄의 발달과 함께 금속 활자도 발명되었어. 금속 활자를 세계 최초로 발명한 것은 고려의 문화와 과학 기술 수준을 상징적으로 보여 주는 일이야. 당시에는 목판 인쇄가 널리 사용되고 있었어. 목판은 한 번 판을 만들어 두면 같은 내용을 여러 차례 인쇄할 수 있어 편리했지. 하지만 글의 내용을 하나의 판에 새기는 것이라, 시간이 많이 걸렸고 비용도 많이 들었어. 또 같은 내용의 글만 인쇄할 수 있기 때문에, 다른 내용을

각각의 글자를 금속으로 만들어 놓은 금속 활자(오른쪽)와 금속 활자를 내용에 맞게 조합하는 모습(왼쪽)이야. 금속 활자를 이용하면 여러 가지 책을 빠르게 인쇄할 수 있어.

인쇄하려면 새로 판을 만들어야 하는 불편함이 있었어.

　금속 활자는 목판 인쇄의 이런 단점을 보완하기 위해 발명된 거야. 금속 활자를 이용한 인쇄는 글자들을 각각 만든 뒤에, 이를 조합하여 판을 짜서 찍어 내는 방식이야. 필요한 책을 인쇄한 후에 판을 헐고 활자를 다시 조합하면 다른 내용의 책도 쉽게 인쇄할 수 있지. 게다가 금속으로 만들어 오랫동안 보관할 수 있었어. 기록에 따르면 1234년에 처음 금속 활자로 《상정고금예문》이라는 책을 인쇄했다고 해. 하지만 그 책은 안타깝게도 지금은 남아 있지 않아. 금속 활자로 인쇄한 책 중에 지금 남아 있는 가장 오래된 책은 《직지심체요절》이라는 책인데, 1377년에 청주 흥덕사에서 인쇄했어. 현재는 파리 국립 도서관에 보관되어 있어.

금속 활자로 인쇄한 책 중에 남아 있는 가장 오래된 책인 《직지심체요절》이야. 두 권 중에서 한 권만 남아 있어.

고려청자

팔만대장경과 함께 고려의 대표적인 문화재로는 고려자기를 들 수 있어. 그중에서도 뛰어난 색과 다양한 형태, 멋진 문양으로 유명한 고려청자는 우리나라뿐 아니라 세계적으로도 중요한 문화유산이야. 고려청자는 신라의 토기 전통과 송나라에서 들어온 자기 제작 기술이 합쳐져 탄생한 걸작이야. 자기는 높은 온도에서 구워야 하는데, 신라는 성덕 대왕 신종 같은 큰 종을 만들어 낼 정도로 높은 온도의 불을 다룰 수 있는 능력이 있었지. 여기에 당시 세계에서 가장 발전된 도자기를 만들던 송나라의 자기 제작 기술을 받아들여 고려청자가 탄생하게 된 거야. 고려청자는 초기에는 송나라 자기를 모방하여 모양과 무늬를 만들었지만, 점차 고려만의 색깔과 모양을 가지게 되었어. 이 때문에 송나라 사신 서긍은 고려에 다녀간 뒤에 쓴 《고려도경》이라는 책에서 고려청자를 칭찬했어. 고려청자는 은은한 푸른색을 띠는데, 중국인들도 귀하게 여겨 누구나 가지고 싶어 한다고 했지.

우리 고려에서 이 정도는 기본이라고!

무늬를 새기기 않은 순청자(왼쪽)와 상감 기법으로 무늬를 넣은 상감 청자(오른쪽)야. 비교해 보면 서로 다른 멋이 있다는 걸 알 수 있어.

처음에는 별다른 무늬를 새기지 않은 순청자가 발전했어. 병, 항아리, 연적, 향로, 술잔 등이 만들어졌지. 청자의 순수한 색이 가장 잘 드러난 작품들이야. 이어서 상감 청자가 발달했어. 상감 청자란 상감 기법으로 무늬를 새겨 넣은 청자를 말하는 거야. 상감 기법은 원래 금속 공예에서 사용하는

상감 청자 만드는 방법

1. 물레를 이용하여 모양을 만든다.

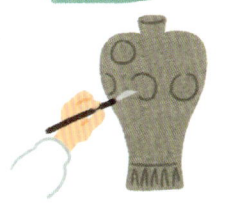
2. 표면에 무늬를 새긴다.

3. 무늬를 새긴 자리에 다른 색의 흙을 넣는다.

4. 그늘에서 말린 뒤에 가마에 넣고 굽는다.

5. 유약을 바른다.

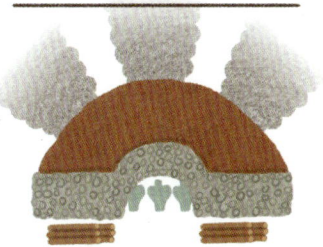
6. 높은 온도에서 한 번 더 굽는다.

기법으로, 구리 그릇 표면에 무늬를 새기고 그곳에 금이나 은을 녹여 넣어 화려하게 만드는 방식이야. 고려 사람들은 이런 상감 기법을 자기 만드는 데 처음 적용했어. 자기 표면에 학이나 구름, 나무 등을 그리고 조각칼로 홈을 판 후에, 흰색이나 검은색 등의 다른 색깔 흙을 넣어 무늬를 새겼지.

고려청자는 몽골의 침입이 계속되던 시기에도 발달했지만, 전쟁이 끝나고 몽골의 본격적인 간섭이 시작된 이후에 쇠퇴했어. 고급스러운 청자를 감상하고 사들이던 귀족 세력의 힘이 약해졌고, 전쟁으로 인해 청자를 만들던 도공들이 줄어들었기 때문이지. 또 14세기 중반 이후로는 왜구의 침입이 잦아져, 해안 지역에 있던 도자기 생산 중심지가 타격을 입으면서 기술 수준도 많이 떨어졌어. 하지만 청자의 수준은 떨어졌어도 명맥이 완전히 끊어진 것은 아니었어. 분청사기라는 새로운 형태, 새로운 기법의 자기가 만들어지면서 고려청자의 명맥은 조선으로 이어지게 된단다.

고려의 불교문화

불교를 중시한 고려에서는 많은 불교 문화재가 만들어졌어. 사찰과 불상,

부석사 무량수전(왼쪽)과 봉정사 극락전(오른쪽)의 모습이야. 고려 시대에 만들어진 목조 건물로, 예술성이 높은 것으로 인정되고 있어.

작품이네!

탑과 불화 등이 많이 만들어졌지. 하지만 고려 시대에 지어진 사찰은 많이 남아 있지 않아. 외적의 침입으로 상당수가 사라져 버렸는데, 특히 몽골의 침입 때 불타 없어진 것이 많아. 봉정사 극락전과 대웅전, 부석사 무량수전, 수덕사 대웅전 등이 지금까지 남아 있는 고려의 대표적인 사찰 건축물이야.

고려 시대에 만들어진 불상은 크기가 큰 것이 특징이야. 고려 초기에 왕실과 중앙 귀족, 지방 호족들이 여러 곳에 큰 규모의 석불을 세웠어. 새로운 나라를 세운 기상이 반영되어 있지. 논산 관촉사 석조 미륵보살 입상과 개태사지 석불 입상이 가장 유명해. 통일 신라 시대까지는 금동으로 만든 불상이 많이 만들어졌는데, 고려 때에는 쇠로 만든 철불도 많이 만들어졌어. 철원 도피안사에 있는 철불은 오랫동안 땅속에 묻혀 있다가 발견된 걸작품이야. 흙으로 빚은 부처도 만들어졌어. 경북 영주에 있는 부석사 소조 여래 좌상이 가장 중요한 작품이야.

불탑은 통일 신라 시대까지는 사각형의 3층 석탑이 일반적인 모습이었어. 이에 비해 고려 때에는 층수가 다양해지고 사각형뿐 아니라 다각형 탑도 나타났어. 개심사 5층 석탑과 현화사 7층 석탑, 김제 금산사의 6각형 다층 석

논산에 있는 관촉사 석조 미륵보살 입상(왼쪽)이야. 우리나라에서 가장 큰 석불 입상이지. 월정사 8각 9층 석탑(오른쪽)은 사각형의 평면 석탑이 아닌 다각 다층 석탑이어서 매우 화려해 보여.

탑과 월정사 8각 9층 석탑, 묘향산의 보현사 8각 13층 석탑이 유명해. 불교가 발달하면서 고승의 사리를 담은 승탑도 많이 세워졌어. 원주 법천사 지광국사탑이 유명하지.

고려 시대에는 불화가 특히 많이 만들어졌어. 불화는 부처의 모습이나 삶, 극락세계 등을 그린 그림인데, 부처에 대한 신앙심을 표현하고 불교의 가르침을 전달할 목적으로 만든 거야. 고려 시대 불화 가운데 뛰어난 작품으로는 〈관경변상도〉가 있어. 이 그림은 석가모니가 마가다 왕국의 왕비에게 보여 준 극락의 16가지 모습을 묘사한 거야. 이 밖에 《화엄경》의 내용을 그림으로 표현한 〈수월관음도〉, 〈지장보살도〉 등이 고려 불화를 대표하는 작품들이야.

불화에는 부처나 보살뿐 아니라 당시 사회의 모습을 알 수 있는 내용도 담겨 있어. 기도하거나 구원받는 사람들, 농사짓는 모습, 음악을 연주하는 모습, 결혼식 장면, 수레를 타고 가는 모습, 승려와 관리, 일반 남녀의 모습 등이 그려져 있지. 이를 통해 우리는 고려 시대 사람들이 어떤 옷을 입었는지, 머리 모양은 어땠는지, 얼굴 모습은 어땠는지, 어떤 집에 살았는지 등 많은 것들을 알 수 있단다.

《화엄경》의 내용을 그림으로 표현한 〈수월관음도〉(왼쪽)야. 〈미륵하생경변상도〉(오른쪽)에는 아래쪽에 농사짓는 사람들의 모습이 나타나 있어.

생각 넓히기

1 생각해 보기

고려청자는 고려의 대표적인 문화재야. 다음의 다양한 고려청자 사진을 보고 고려 귀족들의 생활이 어떠했을지 생각해 보자.

---

2 활동해 보기

아래 사진은 고려 시대에 발명된 금속 활자와 금속 활자로 인쇄된 《직지심체요절》이야. 다음의 문화유산을 소개하는 글을 써 보자. 또 금속 활자 인쇄술을 목판 인쇄술과 비교하여 그 차이점을 써 보자.

 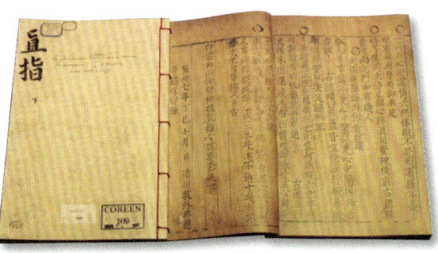

더 알아보기

팔만대장경

　팔만대장경은 고려 시대에 몽골군을 물리치고 전쟁이 끝나기를 기원하면서 만들었어. 8만 개가 넘는 목판을 일일이 다듬어 만들고 거기에다 글자를 새겨 넣은 거야. 먼저 목판을 만들 때에는 나무가 뒤틀리는 것을 막기 위해, 나무를 바닷물에 1~2년 정도 담가 두었다가 목판 크기로 잘라 사용했어. 잘 말린 목판에 원고를 붙이고 글자를 새겼지. 그런데 글자를 하나라도 잘못 새기면 오랜 시간에 걸쳐 만든 목판을 버려야 했기 때문에 아주 정성 들여 새겼어.

　고려의 팔만대장경은 현재 합천 해인사의 장경판전에 보관되어 있어. 이 목판들은 남아 있는 목판 대장경 중에서 가장 오래된 거야. 해인사 장경판전은 겉으

팔만대장경 만드는 방법

1. 불경 원고를 목판에 뒤집어서 붙인 뒤에 글자를 새긴다.

2. 글자를 새긴 목판이 뒤틀리는 것을 막기 위해 모서리에 구리판을 덧댄다.

3. 완성된 목판 위에 먹물을 묻힌 다음 종이를 얹고 인쇄한다.

4. 제대로 새겼는지 확인하기 위해 인쇄된 글을 원고와 대조한다.

로 보기에는 평범해 보이지만 굉장히 과학적으로 만들어진 건물이야. 습도를 조절하기 위해 바닥을 만들 때 숯과 소금, 횟가루, 찰흙, 모래를 섞어 넣었어. 이렇게 만든 바닥은 비가 많이 내리는 장마철에는 습기를 빨아들이고, 비가 내리지 않아 건조할 때는 흙 속에 있는 수분을 내보내서 적절한 습도를 유지하도록 해 주지. 또 장경판전의 창문 크기를 다르게 만들어서 바람이 잘 통하도록 했어. 이 때문에 700년이 넘는 세월 동안 목판이 썩거나 뒤틀리지 않고 잘 보존된 거란다. 팔만대장경이 유네스코 세계 기록 유산으로 지정된 데 이어, 해인사 장경판전도 유네스코 세계 문화유산으로 지정되었어.

해인사 장경판전
팔만대장경이 보관되어 있는 해인사 장경판전은 목판을 잘 보존하기 위해 과학적인 설계로 만들어졌다.

# 17장 위화도 회군과 고려의 멸망

여기는 고려 말인 1388년 여름, 의주에서 개경으로 가는 길이야.
많은 고려 군사들이 개경을 향해 가고 있어. 전쟁이 끝나서 돌아가는 걸까?
병사들이 멀쩡한 걸 보면 전쟁을 치른 것 같지는 않은데, 무슨 일이 있었던 걸까?

질문 있어요!

저기, 궁금한 게 있어요!

무엇이든 물어보세요!

명나라를 치겠다고 나섰는데, 왜 중간에 그냥 돌아오는 거죠?

처음부터 요동 정벌을 반대했던 이성계가 군대를 돌린 거예요.

그럼 반란을 일으킨 건가요? 반란은 싫은데…!

이성계가 위화도에서 군사를 돌려 개경으로 돌아오면서, 고려 조정은 큰 위기를 맞게 되었어. 개경으로 돌아온 이성계는 반대파를 제거하고 권력을 잡았어.

위험! 위험!

1251 팔만대장경을 완성하다.

1376 최영이 홍산에서 왜구를 물리치다.

1380 이성계가 황산에서 왜구를 물리치다.

1388 이성계가 위화도에서 군사를 돌리다.

신진 사대부의 성장

공민왕이 추진했던 개혁이 실패한 뒤, 권문세족의 횡포가 다시 심해지면서 나라가 어지러워졌어. 그러자 정치, 사회 개혁을 통해 어려운 상황을 극복하고, 새로운 질서를 세워야 한다고 주장하는 사람들이 나타났어. 이들을 신진 사대부라고 불렀는데, 대부분 개경이 아닌 지방 출신의 유교 지식인들이었어. 대대로 높은 관직을 독점했던 문벌 귀족이나 권문세족의 후손이 아니라, 지방 관리인 향리 집안에서 태어나 과거에 합격하여 중앙의 관리가 된 사람들이 많았지. 또한 홍건적이나 왜구와의 싸움에서 공을 세워 관리가 된 사람도 있었어.

그런데 신진 사대부란 무슨 뜻일까? 여기서 잠깐 신진 사대부에 대해 알아볼까? 원래 '사대부'라는 말은 선비를 뜻하는 사(士)와 대부, 즉 관리라는 단어가 합쳐진 거야. 학식과 덕망을 갖추고 평소에는 지방 지도층으로 모범을 보이면서 백성들을 이끌다가, 관직에 나가게 되면 나라를 위해 일하는 사람이란 뜻이지. 고려는 불교를 중시했지만 유교 이념에 따라 제도를 정비하고 백성을 다스렸어. 이에 따라 유학을 공부하여 관리가 된 사람을 사대부라고 불렀어. 그런데 고려 말에 유교 이념 중에서도 성리학을 바탕으로 사회를 개혁하려는 새로운 세력이 나타나자, 이들을 이전의 사대부와 구별하기 위해 신진 사대부라고 부른 거야.

신진 사대부들은 자기들이 살고 있는 곳에서 사회 지도층의 역할을 했어.

이들은 성리학을 적극적으로 받아들였는데, 성리학은 신분 질서를 중시하고 각 신분에 맞는 책임과 의무를 강조했지. 그래서 신진 사대부들은 낮은 관직에 종사하건 향촌에서 지도자 역할을 하건, 자신들이 사회를 이끌어 나간다는 자부심과 책임 의식을 느꼈어. 이 때문에 그들은 고려 사회를 개혁하기 위한 여러 가지 방법을 찾으려 했고, 결국 이들이 조선 왕조를 여는 주역이 되었던 거야.

한편 신진 사대부뿐 아니라 군사력을 가진 장군들도 중요한 세력으로 등장했어. 홍건적이나 왜구와의 싸움에서 명성을 날린 이성계와 최영 등이 대표적인 인물인데, 이들은 강력한 군대를 지휘하고 있었고 군사들의 절대적인 지지를 받고 있었지. 신진 사대부들은 이들과 손을 잡고 고려 사회를 개혁하려고 했어. 이성계와 최영, 그리고 신진 사대부들은 먼저 권력을 장악하고 있던 권문세족인 이인임 일파를 몰아내고 정권을 장악했어. 사회를 개혁하려는 의지가 강한 신진 사대부들과 강한 군사력을 가진 장군들이 힘을 합치면서, 개혁을 추진할 수 있는 기반이 마련되었어.

위화도 회군

 개혁을 바라는 신진 사대부와 장군들이 정권을 잡았지만, 개혁의 방향에 대해서는 서로 생각이 달랐어. 고려라는 나라를 그대로 유지하면서 문제를 해결해야 한다고 생각하는 온건파와 고려 왕조를 없애고 새로운 나라를 세워야만 근본적인 개혁을 이룰 수 있다고 생각하는 급진 개혁파로 나누어진 거야. 정몽주 등 온건파는 고려 왕조에 대한 충성을 중요하게 여겼고, 실제 많은 신진 사대부들도 같은 입장이었어. 권문세족에 비해서는 경제력이나 사회적 지위가 낮았지만, 이들도 지배 세력이었기 때문에 급진적인 개혁을 바라지는 않았던 거야. 이에 비해 정도전 등의 급진 개혁파는 권문세족을 타도하는 것은 물론이고, 당시 나라 경제에 많은 악영향을 미치고 있던 불교 사원의 문제를 해결하고 백성들의 삶을 개선하기 위해서도, 고려라는 나라를 계속 유지해서는 안 된다고 생각했지.

 이처럼 온건파와 급진 개혁파 사이의 갈등이 커지는 중에, 명나라에서 철령 이북의 땅을 자기들이 직접 다스리겠다고 통보해 왔어. 철령 이북의 땅은 원래 고려의 영토였는데, 원나라가 쌍성총관부를 두어 직접 다스렸던 곳이야. 공민왕이 군대를 동원해서 다시 회복했지. 그런데 원나라를 몰아내고 중국 대륙을 차지한 명나라가, 전에 원나라가 다스렸던 곳이라는 이유로 자신들이 직접 다스리겠다고 나선 거야.

 고려에서는 이러한 명의 요구가 터무니없는 것이라며 명과 싸워야 한다는 목소리가 높았어. 특히 우왕과 최영은 먼저 요동 지역을 공격하여 명이 영토를 늘리는 것을 막아야 한다고 주장했지. 이에 대해 이성계는 작은 나라가 이미 세력이 커진 큰 나라와 함부로 싸우는 것은 위험하다며 요동 정

벌에 반대했어. 또 여름에 군대를 동원하는 것은 무리이고, 군사들이 요동 정벌에 나서면 그 틈을 노려 왜구들이 쳐들어올 것이며, 때가 장마철이라 활의 아교가 녹는 등 무기를 사용하기 어렵다는 이유도 들었어. 하지만 우왕과 최영은 고집을 꺾지 않았어. 결국 우왕과 최영이 주장한 대로 요동 정벌을 위한 군사를 출동시키고 말았어.

군대를 지휘하게 된 이성계는 압록강에 있는 위화도라는 섬까지 군대를 이끌고 갔지만, 여기에서 요동으로 건너가지 않고 군대를 돌렸어. 요동을 향해 진격하는 게 아니라 개경을 향해 나아간 거야. 앞(208~209쪽)에서 보았던 것이 위화도에서 방향을 돌린 군사들이 개경으로 돌아오는 모습이야. 요동 정벌을 위한 원정군이 반란군이 된 셈이지. 이 사건을 '위화도 회군'이라고 하는데, 위화도에서 군사를 돌렸다는 뜻이야. 개경에 도착한 이성계는 우왕을 몰아내고 창왕을 세웠어. 또 최영을 제거하고 인망이 높았던 정몽주도 자신들의 편이 되지 않자 죽이고 말았어.

고려의 멸망과 조선의 건국

위화도 회군으로 권력을 잡은 이성계와 정도전 등은 여러 가지 개혁을 단행했어. 가장 대표적인 것이 과전법이야. 절이나 권문세족이 차지하고 있던

땅을 빼앗아 원래 주인인 농민들에게 돌려주거나 나라의 땅으로 만들었어. 그리고 나라에서 관리들에게 나누어 줄 토지에 대한 기준을 새로 세웠어. 이 제도가 바로 과전법이야. 과전법에 따라 관리들이 세금을 받을 수 있는 땅과 그 양을 정해 주었어. 이렇게 해서 권문세족이 너무 많은 땅을 독차지하고 있어 관리에게 줄 땅이 부족했던 문제점을 해결하고, 관리들이 세금을 너무 많이 받아 농민들이 힘들어지는 것도 막으려 했지. 새로운 토지 제도가 생기자 땅을 빼앗긴 권문세족은 힘이 약해졌고, 신진 사대부가 경제적인 힘을 갖게 되었어. 또 나라의 땅이 늘어나 직접 거두는 세금의 양이 늘어나서 나라의 재정이 튼튼해졌어. 세금도 생산량의 $\frac{1}{10}$이라는 규정이 지켜졌기 때문에, 농민들도 전보다 나은 생활을 할 수 있었지.

이러한 개혁 정책의 성공을 통해 민심의 지지를 받게 된 이성계는, 1392년 7

월 고려를 무너뜨리고 왕이 되었어. 이보다 먼저 당시 관료들의 합의 기구인 도평의사사에서 이성계를 왕으로 추대하기로 결정을 내렸어. 공양왕은 이에 따라 이성계에게 왕위를 넘겨줄 수밖에 없었지. 이미 모든 권력을 장악하고 있던 이성계와 정도전이 이름만 남은 고려를 무너뜨린 것이지만, 겉보기에는 평화적으로 왕조가 교체된 거야.

사건탐구 — 정몽주와 최영은 어떻게 충신으로 유명하게 되었나요?

이성계와 정도전은 새 나라 조선을 세우는 데 반대했던 최영과 정몽주를 제거했어. 고려에 충성하는 세력이 그들을 중심으로 모일 수 있고, 그러면 새 나라를 세우기 어렵다고 생각했기 때문이지.

그런데 최영과 정몽주는 충신으로 널리 알려져 있지만, 정작 조선의 개국 공신인 정도전은 그렇지 않아. 그 이유는 무엇일까? 조선 시대 유교에서는 임금에 대한 충성을 강조했어. 그래서 고려에 끝까지 충성을 다했던 최영과 정몽주를 충신의 모델로 삼아 높이 추모하도록 했고, 그 결과 충신으로 널리 알려지게 된 거야.

반면에 정도전은 낮게 평가했어. 정도전은 조선 개국 후에 재상 중심의 정치를 고집하면서 왕권 중심의 정치에 반대했고, 왕자의 난이 일어났을 때 이방원에 의해 역적으로 몰려 죽었어. 이런 이유로 조선에서 개국 공신 정도전 대신에 최영과 정몽주가 충신으로 높이 평가받게 된 거야.

이처럼 역사적 인물에 대한 평가는 시대에 따라 변할 수 있어. 또 권력을 가진 사람들이 어떻게 이용하느냐에 따라서도 달라질 수 있지. 그러니까 역사적 인물을 평가할 때에는 여러 가지를 살펴보아야 하는 거란다.

생각 넓히기

1. 생각해 보기

고려 말기에 권력을 잡게 된 신진 사대부 안에서도 개혁 방향에 대해 의견이 나뉘었어. 나라면 두 입장 중 어떤 쪽을 지지했을지, 또 그 이유는 무엇인지 생각해 보자.

- 우리는 고려에 충성해야 하오! 고려를 유지하면서 문제를 해결하면 됩니다! — **정몽주 온건 개혁파**
- 고려를 그대로 두면 개혁이 어렵습니다! 근본적인 개혁을 위해서는 새로운 나라를 세워야 합니다! — **정도전 급진 개혁파**

_____
_____
_____
_____
_____
_____

2. 활동해 보기

위화도 회군으로 권력을 잡은 이성계와 정도전 등은 개혁 정책을 실시했어. 억울하게 빼앗긴 땅을 원래 주인에게 돌려주고, 세금을 걷는 기준도 다시 세워 농민들이 내는 세금을 줄여 주었지. 이성계가 이런 개혁 정책을 실시한 이유는 무엇인지 써 보자.

_____
_____

한국사 연표

900년	견훤, 후백제 건국
901년	궁예, 후고구려 건국
918년	왕건, 고려 건국
926년	발해 멸망
935년	신라, 고려에 항복
936년	고려, 후삼국 통일
956년	광종, 노비안검법 실시
958년	광종, 과거 제도 실시
976년	경종, 전시과 실시
982년	최승로, 시무 28조 올림
983년	성종, 전국에 12목 설치
993년	서희, 거란과 담판
1009년	강조의 정변
1019년	강감찬, 귀주 대첩
1044년	천리장성 완공
1087년	초조대장경 완성
1107년	윤관, 여진 정벌
1126년	이자겸의 난
1135년	묘청의 난
1145년	김부식,《삼국사기》편찬
1170년	무신의 난
1176년	망이, 망소이의 난
1198년	만적의 난
1231년	몽골의 침입(~1273)
1232년	강화도 천도
1234년	금속활자로《상정고금예문》간행
1236년	팔만대장경 만들기 시작(~1251)
1270년	개경 환도, 삼별초의 대몽 항쟁
1281년	일연,《삼국유사》간행
1359년	홍건적의 침입(~1361)
1363년	문익점, 원나라에서 목화씨 가져옴
1366년	신돈, 전민변정도감 설치
1376년	최영, 홍산 대첩
1377년	《직지심체요절》인쇄
1380년	이성계, 황산 대첩
1388년	위화도 회군
1392년	고려 멸망, 조선 건국

천리장성

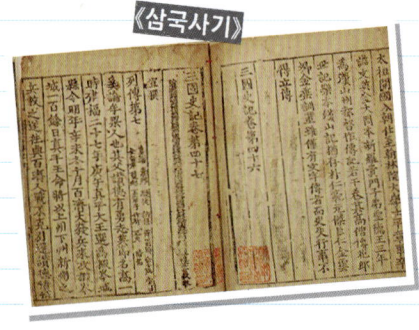

《삼국사기》

황산 대첩비

세계사 연표

907년	중국, 5대 10국 시대 시작
911년	노르망디 공국 성립
916년	야율아보기, 거란족 통합
960년	송나라 건국
962년	신성 로마 제국 건국
979년	송나라의 중국 통일
987년	프랑스, 카페 왕조 시작

야율아보기

1009년	베트남, 리 왕조 건국
1037년	셀주크 왕조 건국
1057년	기독교, 로마 카톨릭과 동방 정교회로 분리
1077년	카노사의 굴욕
1096년	십자군 전쟁(~1270년)
1115년	여진족, 금나라 건국
1125년	금나라, 요나라를 멸망시킴
1127년	북송 멸망, 남송 시작
1192년	일본, 가마쿠라 막부 성립

십자군 전쟁

1206년	칭기즈 칸, 몽골 통일
1215년	영국, 대헌장 제정
1234년	몽골, 금나라 멸망시킴
1241년	한자 동맹 성립
1271년	몽골이 나라 이름을 '원'으로 고침
1299년경	마르코 폴로, 《동방견문록》 간행
1302년	프랑스, 삼부회 성립
1338년	일본, 무로마치 막부 성립
	영국·프랑스, 백 년 전쟁(~1453)
1347년	유럽, 흑사병(페스트) 발생
1368년	명나라 건국, 원나라 멸망
1381년	영국, 와트 타일러의 난

칭기즈 칸

찾아보기

ㄱ

강감찬 46, 56~57, 116
강동 6주 54~56
강민첨 55~56
강조 55
거란 52
견훤 13~15, 17~21
경대승 118
경순왕 21~22
《고려도경》 200
《고려실록》 151
고려청자 200, 202
공녀 165
공물 44
공복 제도 31~32
과거 제도 31, 44
과전법 214~215
〈관경변상도〉 204
광군 52
광종 30~32
교정도감 120
교종 80
국자감 34, 81
궁예 13, 15~19
권문세족 168~169, 178~179
귀주 대첩 56~57
금속 활자 198~199
기인 제도 29~30
기전체 155, 158
기철 165, 176
기황후 165, 175
김부식 106~108, 116, 152~153, 155
김사미 130
김윤후 141
김준 120, 143

ㄴ

나세 189
남녀 균분 상속 71
남선 항로 90
노국 공주 175, 179~180
노비안검법 30~31

ㄷ

다루가치 163~164
단군 신화 152~153
대화궁 107
도교 82
도방 118
도병마사 40, 168
도선 대사 17
도평의사사 168, 216
《동국이상국집》 154
동녕부 165, 169
〈동명왕편〉 154
동북 9성 96~98
동서 학당 81

ㅁ

마마 167
마의 태자 22
마진 18
만월대 93
만적 132~134
망소이 128~130
망이 128~130
명경과 44~45
명학소 128~130
목판 인쇄 198
몽골 139~142
몽골풍 170, 175
묘청 106~110
문벌 귀족 65, 103
미륵불 19

ㅂ

박서 140
박위 190
배중손 144
배현경 19
백정 67~68

벽란도 91~92
변안열 189
별무반 96
복지겸 19
부곡 42, 68~69, 128
북선 항로 90
분청사기 202

ㅅ

《사기》 155, 158
사병 31, 118
사심관 제도 29
사학 12도 82
《삼국사》 153~154
《삼국사기》 151~155
《삼국유사》 151~152, 155~158
삼별초 120, 144~145
삼사 39
3성 6부제 39
상감 청자 201
상서성 39
《상정고금예문》 199
서긍 200
서리 63
서희 46, 53~54
선종 80
성균관 178
성덕 대왕 신종 200
성리학 212
성종 33~34
소 42, 68~69, 128
소배압 56~57
소손녕 53
속장경 84
속현 42
손변 72
수라 167
수박희 117
〈수월관음도〉 204
승과 79
시무 28조 33
식목도감 40

신검 21~22
신기군 96
신돈 177~179
신보군 96
신숭겸 19
신의군 144
신진 사대부 178, 211~213
신채호 109~110
신풍 167
12목 41
쌍기 31
쌍성총관부 165, 176, 213

ㅇ
아지발도 189
안우 186
야별초 144
야율아보기 52
양길 16
양수척 63, 70
양인 63
양전 43
양천제 63
연등회 28, 77
연호 27
영가 95
5대 10국 시대 51
5도 양계 41~42
완안부 95
왕건 13, 17~21, 27~30
왕륭 17~18
왜구 185~190
요역 44
우별초 144
위화도 214
윤관 46, 96~98, 116
음서 46, 65
의천 79~80
이고 117~118
이규보 153~154
이방실 186
이색 170

이성계 176, 186, 189, 191, 212~216
이의민 118~119, 131
이의방 117~118
이자겸 103~105
이자춘 176
이지란 189
일연 152, 156~157

ㅈ
잡과 44~45
장경판전 198, 206~207
전민변정도감 177
전시과 제도 32
정도전 178, 213~214, 216
정동행성 164, 176
정동행성 이문소 176
정몽주 178, 213~214, 216
정방 120
정중부 117~118
정지상 105~106, 108
제술과 44~45
조혼 165
좌별초 144
주몽 154
주현 42
죽간 43
중방 118
중서문하성 39
중추원 39
《직지심체요절》 199
진포 대첩 189~190

ㅊ
척준경 103~105
천리장성 57~58
천인 63
천태종 80
초조대장경 54, 84, 141, 197
최무선 189~190, 192
최승로 33, 81

최영 186, 188, 191, 212~214, 216
최우 120, 140
최의 120, 143
최충 82
최충헌 119~120, 132~133
최항 120
칭기즈 칸 139

ㅋ
쿠빌라이 164

ㅌ
탐라총관부 165, 169
태봉 18

ㅍ
팔관회 28, 78, 94
팔만대장경 197~198, 206
평량 134
풍수지리설 83, 106

ㅎ
항마군 96
해동청 166
향 42, 68~69, 128
향교 81
향리 41, 63, 65~67
호족 13, 28~31
홍건적 176, 185~186
홍산 대첩 188
홍유 19
화척 68
화통도감 191
환관 166
황룡사 9층탑 142
황산 대첩 190~191
효심 130
〈훈요십조〉 30, 34

사진 제공

14 견훤산성(북앤포토)/ 19 명성산(북앤포토)/ 21 금산사(연합뉴스)/ 27 만월대 복원 모형(문화재 디지털 복원가 박진호)/ 30 왕건 무덤 현릉, 왕건 동상(북앤포토)/ 32 용두사지 철 당간(문화재청)/ 43 고려 죽간(연합뉴스)/ 45 장양수 급제첩(문화재청)/ 46 고려 국자감(문화재 디지털 복원가 박진호)/ 52 야율아보기 동상(윤태옥)/ 54 초조대장경 인쇄본(문화재청)/ 56 귀주 대첩 기록화(전쟁기념관), 강감찬 영정(낙성대 소장, 사진 북앤포토)/ 57 천리장성(국립중앙박물관)/ 65 아집도(삼성리움박물관)/ 71 조반 부부 초상화(문화재청)/ 77 연등회(북앤포토)/ 78 팔관회 그림(김병하 그림 한국생활사박물관_7권(사계절출판사))/ 80 대각국사 의천 영정(문화재청)/ 89 고려 청동 거울(국립중앙박물관)/ 93 만월대(사단법인남북역사학자협의회)/ 94 회경전 복원(사단법인남북역사학자협의회)/ 97 척경입비도(고려대학교박물관) /106 대화궁터(국립중앙박물관)/ 109 신채호(단재신채호선생기념사업회)/ 115 현릉 문인석, 무인석(북앤포토)/ 121 강화도 고려 궁터(북앤포토)/ 130 명학소 민중 봉기 기념탑(북앤포토)/ 132 개성 흥국사 탑(북앤포토)/ 141 김윤후 영정(충주박물관), 처인성 전투 기록화(전쟁기념관)/ 143 강화도 고려궁지(북앤포토)/ 145 제주 항몽순의비(북앤포토)/ 153 삼국사기(문화재청)/ 154 이규보 초상(여주이씨문순공파대종회), 동명왕편(서울대학교규장각한국학연구원)/ 157 삼국유사(뉴스뱅크)/ 175 공민왕과 노국 공주(국립고궁박물관)/ 179 공민왕과 노국 공주 무덤(북앤포토)/ 188 홍산 대첩 기록화(전쟁기념관)/ 189 피바위(남원시청)/ 191 황산 대첩비(파손), 황산 대첩비(복구)(북앤포토)/ 197 팔만대장경판(강화역사박물관)/ 198 해인사 장경판전(북앤포토)/ 199 금속활자, 판짜기(청주고인쇄박물관), 직지심체요절(북앤포토)/ 200 청자 투각 칠보 무늬 뚜껑 향로, 청자 모란 구름 학 무늬 베개, 청자 상감 모란 무늬 항아리, 청자 상감 모란 넝쿨 무늬 조롱박 모양 주전자(국립중앙박물관)/ 201 순청자(국립중앙박물관), 상감청자(문화재청)/ 202 부석사 무량수전(북앤포토), 봉정사 극락전(문화재청)/ 203 관촉사 석조 미륵보살 입상, 월정사 8각 9층 석탑(북앤포토)/ 204 수월관음도(문화재청)/ 205 청자 기와, 청자 투각 고리 무늬 의자(국립중앙박물관)/ 215 조선 태조 어진(어진박물관)

- 이 책에 있는 사진은 해당 사진을 보유하고 있는 단체와 저작권자의 허락을 받아 게재했습니다.
- 저작권자를 찾지 못하여 게재 허락을 받지 못한 사진은 확인하는 대로 허락을 받고, 통상적인 기준에 따라 사용료를 지불하겠습니다.